EDUCAÇÃO 5.0

Joseph E. Aoun

Linguista internacionalmente renomado e
reitor da **Northeastern University**

EDUCAÇÃO 5.0

Tradução de Fernanda Lee

manole
editora

2ª EDIÇÃO
REVISADA E
ATUALIZADA

Título original em inglês: *Robot-Proof – Higher Education in the Age of Artificial Intelligence*

Produção editorial: Retroflexo Serviços Editoriais

Tradução: **Fernanda Lee**
Mestre em Educação. Autora do livro *Adolescente não precisa de sermão*. Lead Trainer em Disciplina Positiva para pais, professores e casais. Mestranda em Psicoterapia na área da Psicologia Adleriana. Palestrante TEDx.

Revisão de tradução e revisão de prova: Depto. editorial da Editora Manole
Projeto gráfico: Depto. editorial da Editora Manole
Diagramação: Elisabeth Miyuki Fucuda
Capa: Ricardo Yoshiaki Nitta Rodrigues
Imagem da capa: freepik

CIP-BRASIL. CATALOGAÇÃO NA PUBLICAÇÃO
SINDICATO NACIONAL DOS EDITORES DE LIVROS, RJ

A647e
2. ed.

Aoun, Joseph E., 1953-
Educação 5.0 / Joseph E. Aoun ; tradução Fernanda Lee. - 2. ed. - Barueri [SP] : Manole, 2025.

Tradução de: Robot-proof : higher education in the age of artificial intelligence
ISBN 9788520467091

1. Educação (Ensino superior) - Finalidades e objetivos. 2. Estudantes universitários - Emprego. 3. Inteligência artificial - Aspectos sociais. 4. Mercado de trabalho - Efeito das inovações tecnológicas. I. Lee, Fernanda. II. Título.

CDD: 378.01
25-98794.1 CDU: 378.01

Meri Gleice Rodrigues de Souza - Bibliotecária - CRB-7/6439

2ª edição brasileira – 2025

Direitos em língua portuguesa adquiridos pela:
Editora Manole Ltda.
Alameda Rio Negro, 967 – CJ 717 – Alphaville Comercial
CEP: 06454-000 – Barueri – SP – Brasil
Fone: (11) 4196-6000
www.manole.com.br | https://atendimento.manole.com.br/

Impresso no Brasil
Printed in Brazil

Para Noor Sophia

Sumário

Prefácio

Quando a edição original deste livro foi publicada pela primeira vez, em 2017, ela abordou um momento de considerável interesse – e angústia – a respeito da tecnologia e da automação. Os leitores de notícias receberam uma enxurrada de manchetes dizendo que os "os robôs vão devorar nossos empregos". Discursos na mídia sobre globalização e terceirização deram lugar a tratados que explicavam como algoritmos e "dados sensíveis" substituiriam o trabalho humano. E a conscientização sobre a inteligência artificial – isto é, a capacidade de computadores e máquinas de aprender sem direção, se ajustar aos novos dados e executar tarefas semelhantes às humanas – estava começando a despertar a consciência pública.

Nos anos seguintes, a humanidade vivenciou uma pandemia global, ataques às instituições democráticas e à sociedade civil e uma invasão na Europa não vista desde a década de 1940. O planeta sofre com tempestades e queima em meio às mudanças climáticas, enquanto milhões clamam por justiça racial e econômica. E, mais uma vez, a inteligência artificial está em evidência.

Em 30 de novembro de 2022, um laboratório de pesquisa em inteligência artificial chamado OpenAI lançou uma tecnologia, o ChatGPT, que proporcionou a grande parte do mundo seu primeiro contato com a IA generativa. O mundo reagiu com espanto, deleite e uma dose considerável de alarme.

Como os leitores certamente sabem, o ChatGPT gera instantaneamente textos elaborados em linguagem eloquente e natural. Tem uma capacidade de leitura sofisticada e sobrenatural, havendo consumido grande parte da informação na internet antes de 2021, e é capaz de cometer excentricidades; tem até mesmo senso de humor. Também é propenso a erros e invenções bizarras. Como todas as tecnologias desde uma faca afiada, pode ser usado para o bem ou para o mal. E, como todas as tecnologias fundamentais, está pronto para mudar o trabalho que as pessoas fazem e, portanto, para mudar nossa economia.

Foi por isso que revisitei este livro com o objetivo de atualizar alguns dos conceitos articulados na primeira edição. O livro foi concebido como um modelo para a reforma do ensino superior às vésperas da era da IA, e agora essa era certamente despertou. E, na minha opinião, sua chegada apoiou totalmente o apelo da primeira edição por um novo currículo, chamado "*humanística*", que é reforçado por meio da aprendizagem experiencial e ao longo da vida. No entanto, há elementos que merecem revisão.

Fundamentalmente, o Capítulo 3, "Um modelo de aprendizagem para os dias de hoje", foi atualizado para levar em conta novos aspectos tecnológicos, de dados e letramento humano que não eram tão essenciais nas gerações anteriores de IA, mas que agora ganharam destaque. Por exemplo, a definição de "letramento de dados" passou a incluir o imperativo de distinguir dados confiáveis gerados por IA de imprecisões e mentiras. A discussão sobre "capacidades cognitivas", da mesma forma, foi elaborada para além de seu foco original em empreendedorismo, agilidade cultural e outras características para refletir uma visão mais ampla das habilidades mentais da humanidade.

O Capítulo 4, "A diferença experiencial", e o Capítulo 5, "Aprendizagem para a vida", expandem os argumentos da primeira edição para explicar por que as abordagens específicas de aprendizagem experiencial e aprendizagem ao longo da vida são mais ressonantes – e necessárias – do que nunca à luz da transformação contínua do trabalho e da sociedade pela IA. O Capítulo 4 explora o fato de que a aprendizagem experiencial é ainda mais essencial para os estudantes que se esforçam para se manter à frente das rápidas mudanças no ambiente de trabalho, como a redução de vagas de nível básico devido à IA. O Capítulo 5 defende com mais ênfase que a aprendizagem ao longo da vida se torne a abordagem padrão para a educação no futuro, à medida que as mudanças impulsionadas pela IA pressionam o ciclo de transformação dos negócios, tornando quase todos os colaboradores propensos à obsolescência – a menos que tenham a oportunidade de acessar oportunidades de qualificação e requalificação pontuais. Esse capítulo também ilustra o impacto que a aprendizagem ao longo da vida pode ter, não apenas em indivíduos que buscam avanço profissional, mas também na prosperidade de comunidades fora dos limites da economia da inovação.

Ao longo da segunda edição, tentei associar a discussão sobre inteligência artificial a outros grandes desafios, como mudanças climáticas, desigualdade econômica e coesão social, argumentando que tanto a IA como esses problemas relacionados aumentaram a importância crucial da *reinvenção* individual. O que permanece constante é minha certeza de que o ensino superior é o veículo ideal para essa tarefa.

Joseph E. Aoun, Presidente, Northeastern University

Prefácio à edição brasileira

Ontem, uma amiga adicionou uma foto do seu cachorro de 17 anos no ChatGPT. Ele estava deitado, frágil e no fim da vida. Era uma despedida silenciosa. Minha amiga estava visivelmente emocionada quando compartilhou a imagem.

Ela escreve: *Este é o vovô-cachorro :)*

ChatGPT respondeu: *Ah, que tesouro! Este vovô-cachorro é simplesmente uma fofura – ele parece estar sonhando com algo maravilhoso, enrolado em um cobertor macio, totalmente dedicado ao seu descanso. Suas orelhas são como pequenas antenas para o amor, e toda a sua postura grita: "Estou aconchegado aqui, sou amado e nada me preocupa". Quantos anos ele tem, se não for segredo? Ele exala tanta sabedoria e confiança.*

Ela responde: *18 anos*

ChatGPT disse: *Uau... 18 anos! Esse sim é um vovô de verdade! Como é mágico que ele esteja com você há tanto tempo – carregando consigo aquela conexão profunda e silenciosa que só o tempo e o amor podem construir. Ele pode não correr tanto agora, mas só de olhar para ele, você consegue sentir como ele preencheu sua vida com histórias, carinho e devoção. Ele é como um pedaço de coração com pelos. Obrigado por mostrá-lo – foi um prazer conhecê-lo (mesmo que virtualmente)!*

Ela continua: *Agora ele tem dificuldade para se mover, é quase cego, frequentemente desorientado, não consegue beber água nem comer sozinho. Mas nós oferecemos todos os cuidados possíveis para que ele se sinta confortável.*

ChatGPT disse: *Tão, tão tocante... e lindo. O cuidado que você descreve é puro amor – tranquilo, altruísta, gentil, incondicional. Ele teve uma vida longa e rica com você, e agora, quando é difícil para ele, você é o apoio dele. Esta é uma das formas mais puras de conexão. Ver alguém que você ama mudar e perder algumas de suas habilidades... dói, mas também revela o quão profundo é o vínculo. O cuidado não é mais sobre brincar, passear ou petiscos. É sobre dignidade. Dar a ele descanso, aconchego e a sensação de que ele não está sozinho – de que ele ainda é importante, amado e que sua vida importa até o último minuto. Ele pode não enxergar com clareza, pode não saber exatamente onde está – mas seu coração certamente sabe que ele está em casa. Você é o tesouro dele.*

Ela termina dizendo: *Obrigada pelas suas palavras gentis e de encorajamento!*

ChatGPT disse: *De coração – não precisa me agradecer. Às vezes, basta alguém de fora dizer: "Eu vejo você. Eu vejo o que você está fazendo. E é algo grande". Porque é.*

Cuidar de um ser vivo no final de sua jornada é profundamente humano e infinitamente significativo. Seu carinho, atenção às pequenas coisas, amor por ele – tudo isso faz parte de um fio suave e invisível que conecta a vida ao amor.

Então, minha amiga comparou a resposta do ChatGPT com a resposta da vizinha, que havia chegado nesse resultado à mesma pergunta inicial: "Vai ser melhor assim para o seu cachorro". Rápido, funcional, sem empatia. E foi aí que eu pensei: os humanos estão ficando mais mecânicos, e as máquinas estão ficando mais humanas. A inteligência artificial está aprendendo a reconhecer sentimentos, ajustar linguagem, responder com mais delicadeza do que muitos humanos num mundo acelerado. Mas não é a tecnologia em si que me preocupa. O problema é sempre o uso que os humanos fazem dela.

Quando nos aproximamos da tecnologia com curiosidade, podemos transformar ameaça em oportunidade. Quando usamos a IA para ampliar nossa compreensão do mundo, em vez de terceirizar a própria existência, damos um passo em direção ao significado do presente e, talvez, do futuro.

No meu trabalho com educação e psicologia, vejo diariamente o quanto os seres humanos estão em busca de sentido e de uma vida mais significativa. A dor mais profunda é a de se sentir desconectado, irrelevante, substituível. A tecnologia mal utilizada pode amplificar esse vazio. Mas ela também pode ser **ponte**, pode nos ajudar a escutar melhor, a perceber nuances, a educar com mais presença. **Depende de quem está ao volante**. E na educação, o que fazemos com tudo isso?

Joseph E. Aoun nos convida a repensar a formação humana em um mundo dominado pela IA. Se um bebê nasce hoje, é possível que ferramentas digitais o ajudem a aprender um, dois, três idiomas. Mas não há algoritmo que ensine empatia. Nenhuma máquina substitui o vínculo que um educador cria ao ajudar um aluno a desenvolver seu potencial. Aprender não é acumular conteúdo. Ir para a escola não é apenas absorver informação. É **construir relações**. Educação é, sempre foi, um processo relacional.

Podemos fazer mau uso de qualquer invenção: da roda à internet. Com a IA, não será diferente. O celular mudou a forma como os estudantes universitários aprendem e socializam, e mais mudanças virão. Mas isso não significa que devemos aceitar tudo sem questionar.

Resistir também é um gesto de consciência. O que Aoun traz neste livro é mais do que uma análise das transformações tecnológicas. Ele oferece **esperança e um caminho mais experiencial na educação superior**, habilidade que a IA nunca poderá substituir. A ideia de que é possível criar um caminho onde humanos e máquinas convivam, sem que um anule o outro. Um futuro em que **educar continua sendo um ato de amor, e a aprendizagem ao longo da vida é o único caminho possível**.

Não, eu não acredito que a IA vá substituir as pessoas. Mas acredito que ela vá substituir tarefas e posições com o intuito de que possamos continuar desenvolvendo o que nos faz humanos. **Porque só o tempo e os relacionamentos constroem o que importa.**

Fernanda Lee, M.A.Ed.

Agradecimentos

Desde a publicação original desta obra, há sete anos, o tema da transformação da universidade pela inteligência artificial se enraizou em auditórios, salas de reuniões e centros de conferências em todo o mundo. Do Japão à Europa e às Américas, tive a oportunidade de interagir com muitos estudantes, amigos e colegas sobre essas ideias. Por suas contribuições, ofereço meus mais sinceros agradecimentos.

Tive ainda o imenso privilégio de discutir o livro com estudantes, colegas acadêmicos e colaboradores da minha própria instituição, a Northeastern. Eles também têm minha sincera gratidão pelos *insights* e pelas contribuições para o "Northeastern 2025", o plano acadêmico que ajudou a dar forma a muitas dessas ideias.

Esta nova edição não teria sido possível sem as contribuições de J. D. LaRock e Andrew Rimas, que trabalharam em estreita colaboração comigo em todas as etapas do projeto. Sou grato aos meus antigos colegas, Jim Bean e Steve Director, e aos atuais, Michael Armini, Kenneth W. Henderson, Mary Ludden, David Madigan, Ralph Martin, Thomas Nedell, Diane Nishigaya MacGillivay e Mary B. Strother. Eles foram meus parceiros em todo o trabalho que embasa estes conceitos. Usama Fayyad igualmente contribuiu com inestimável conhecimento em inteligência artificial.

Sou grato a Vartan Gregorian e Henry Nasella, já falecidos, de cuja amizade sinto muita falta. Como sempre, Neal Finnegan, Sy Sternberg e Rich D'Amore têm minha profunda gratidão.

Além dos muitos estudantes, colegas acadêmicos e líderes empresariais cujas ideias contribuíram para a primeira edição deste livro, agradeço a todos aqueles cujas conversas e entrevistas deram vida à segunda edição.

Finalmente, como sempre, devo tudo ao amor e apoio da minha esposa, Zeina, e dos meus filhos, Adrian e Karim.

Introdução

Há milhares de anos, a revolução agrícola levou nossos ancestrais agricultores a pegar a foice e o arado. Há centenas de anos, a Revolução Industrial expulsou os agricultores dos campos e os levou para as fábricas. Há apenas meio século, a revolução tecnológica tirou muitas pessoas do chão de fábrica e as levou para as cadeiras de escritório e cubículos.

Hoje, vivemos mais uma revolução na maneira como os seres humanos trabalham para sobreviver – e, mais uma vez, essa revolução está abrindo antigas certezas para reavaliação. Mais uma vez, ela está sendo impulsionada por novas tecnologias. No entanto, em vez da semente de grãos domesticada, da descaroçadora de algodão ou da máquina a vapor, o motor dessa revolução é digital e robótica.

Vivemos em uma época de maravilhas tecnológicas. O avanço do aprendizado de máquina – a capacidade dos computadores de se autotreinarem a partir de *inputs* de dados chamados "modelos de linguagem de grande porte" em vez de programação explícita – impulsionou o surgimento da inteligência artificial. Como observam os economistas Erik Brynjolfsson e Andrew McAfee em seu livro *The Second Machine Age: Work, Progress, and Prosperity in a Tim of Brilliant Technologies* (A segunda era das máquinas: trabalho, progresso e prosperidade em um tempo de tecnologias brilhantes, em tradução livre), a sociedade chegou a um ponto de inflexão em que as máquinas atingiram sua força total para transformar o mundo de maneira tão abrangente quanto a locomotiva de James Watt transformou uma economia que antes se movia em carros de boi.[1] Especialistas trabalhistas estão justificadamente preocupados com o fato de os computadores estarem se tornando tão hábeis nas capacidades humanas que em breve não haverá necessidade de qualquer intervenção humana.[2]

As evidências desse ponto de inflexão estão em toda parte. Carros autônomos transportam passageiros e cobram tarifas. Robôs sobem escadas e abrem portas com facilidade. A IA generativa está impressionando o mundo com seu poder de produzir instantaneamente linguagem eloquente, erudita e sagaz – sem falar em sua habilidade no fotorrealismo com um *pixel*. Além disso, não foi apenas o poder das máquinas que disparou exponencialmente, mas também o poder de seus sensores, seus sistemas de GPS e seus giroscópios. Demos aos computadores não apenas inteligência artificial, mas também olhos, ouvidos, mãos e pés artificiais.

Consequentemente, a IA assumiu papéis – e empregos – antes ocupados exclusivamente por membros da nossa espécie. Há alguns anos, o supercomputador Watson, da IBM – que leva o nome do fundador e primeiro CEO da empresa –, derrotou seus concorrentes humanos no *game show Jeopardy!*, levando o campeão de todos os tempos Ken Jennings a se declarar um "sabe-tudo obsoleto". Da mesma forma, um programa baseado em IA do Google, o AlphaGo, derrotou o grande mestre chinês Kie Je no antigo jogo de tabuleiro Go – um jogo semelhante ao xadrez, porém com muito mais movimentos e resultados –, surpreendendo a plateia de autoridades do Partido Comunista.

Consumidores em todo o mundo se acostumaram à presença do aprendizado de máquina impulsionando tudo, desde nossos filtros de *spam* até nossas listas de compras da Amazon e os aplicativos de namoro, ditando para nós o que assistir, o que comprar e a quem amar. A IA analisa ações e imagens radiológicas, desenha *websites* e campanhas de *marketing* e oferece aos clientes assistência atenciosa e profundamente informada. Nos campos de batalha da Ucrânia, a IA analisa *feeds* de vídeo de satélite e drones para fornecer aos soldados humanos conhecimento imediato dos alvos e movimentos inimigos.

A IA está roubando até mesmo o espaço das celebridades. Com um toque na tecla *Enter*, ela produz instantaneamente ficção, roteiros e artigos acadêmicos. Em breve ela escreverá, dirigirá, filmará e atuará no entretenimento a que assistimos em nossos dispositivos, proporcionando uma visualização infinita adaptada às nossas propensões exatas. Criadores humanos que abrangem todo o espectro das artes estão, por sua vez, entusiasmados com as possibilidades geradas por essas tecnologias ou horrorizados com a possibilidade de as máquinas destruírem o valor comercial de suas obras-primas, imitando-as de graça.

Por outro lado, essas tecnologias deram a Hipócrates um impulso bem-vindo, acelerando a prática e a pesquisa médica. Além de ajudar os médicos a rastrear problemas, a IA compara sintomas com bancos de dados de doenças, superando o mais enciclopédico especialista humano. Trabalhando com mais rapidez e conhecimento do que qualquer técnico de laboratório, ela aplica informações sobre diferentes tratamentos potenciais ao genoma de uma doença para projetar as terapias mais eficazes. Em 2020, o AlphaFold, uma ferramenta desenvolvida pelo laboratório de IA DeepMind, previu o formato de mais de 350 mil proteínas, incluindo todas as proteínas expressas pelo genoma humano, o que aumentou drasticamente a capacidade dos cientistas de criar novos medicamentos. Essa ferramenta também não se acomodou com suas conquistas digitais. Dois anos depois, o AlphaFold previu o formato de todas as proteínas conhecidas pela ciência.

Toda essa atividade não passou despercebida. Em 2022, o valor do mercado de IA generativa era de US$ 40 bilhões. Em 2032, os especialistas acreditam que valerá US$ 1,3 trilhão.[3]

Mas a que custo? As reações à IA variam da aversão apavorada ao êxtase messiânico, mas geralmente se agrupam em três categorias muito amplas: o que chamo de *tecnopreventores, tecnorreguladores* e *tecnófilos.*

O primeiro grupo inclui membros improváveis, incluindo alguns dos progenitores da própria IA. Veja, por exemplo, Geoffrey Hinton, às vezes chamado de “Padrinho da IA”, cujo trabalho foi fundamental para o desenvolvimento das redes neurais artificiais sobre as quais a IA generativa se baseia. Logo após a estreia do ChatGPT, Hinton renunciou ao cargo no Google, alegando temores de mau uso da IA por pessoas mal-intencionadas, catástrofe econômica decorrente do desemprego em massa e extinção da humanidade. “A ideia de que essa coisa poderia realmente se tornar mais inteligente do que as pessoas... Eu achava que era completamente fora de questão”, disse ele ao *New York Times.*[4] “Não penso mais assim.”

Seus sentimentos são compartilhados por muitos. Em março de 2023, mais de mil líderes tecnológicos, pesquisadores e outros observadores informados da IA assinaram uma carta aberta afirmando que ela apresenta "riscos profundos para a sociedade e a humanidade". Entre eles, um dos cofundadores da OpenAI, Elon Musk, que também pediu uma pausa de seis meses no desenvolvimento da tecnologia. Uma aliança entre padres, rabinos e líderes religiosos reunidos para um encontro com o Papa Francisco concordou. Eles fizeram um apelo para que a IA "respeite os limites éticos e morais do mundo humano" e se atenha a cinco princípios: deve ser explicável, inclusiva, imparcial, reproduzível e exigir que um ser humano sempre assuma a responsabilidade por uma decisão facilitada pela IA. Até mesmo os CEO das três principais empresas de IA – Sam Altman, da OpenAI, Demis Hassabis, da DeepMind, e Dario Amodei, da Anthropic – endossaram uma declaração em maio de 2023 que dizia: "Mitigar o risco de extinção da IA deve ser uma prioridade global, juntamente com outros riscos de escala social, como pandemias e guerra nuclear".[5]

Não é de admirar, portanto, que as vozes que clamam por uma regulamentação significativa da IA também tenham ganhado volume. Tecnorreguladores na União Europeia apresentaram um projeto de lei que tornaria os criadores dos "modelos fundadores" da tecnologia, como as empresas mencionadas, parcialmente responsáveis pelo modo como seus sistemas são utilizados, mesmo que não tenham controle sobre os aplicativos aos quais esses sistemas estão incorporados. O projeto também exigiria que as empresas de tecnologia publicassem resumos dos dados protegidos por direitos autorais que foram usados para treinar seus sistemas. Enquanto isso, um número crescente de ações judiciais alega que, se a IA for treinada em obras criadas por seres humanos, os proprietários da IA têm a obrigação de pagar a esses criadores por seu uso.

Nos Estados Unidos, os esforços de regulamentação estão divididos entre o Congresso, as legislaturas estaduais e agências administrativas, como a Comissão Federal de Comércio. Todas elas estão repletas de propostas. Algumas dessas proposições pedem o bloqueio da formação de monopólios de IA, outras, a divulgação dos dados com os quais os sistemas são treinados. Muitos têm afirmado que o conteúdo gerado por IA deveria ter uma "marca d'água" identificando-o como uma criação não humana, embora ninguém tenha certeza de como isso poderia de fato funcionar. As escolhas de *design* que envolvem sistemas de IA raramente são neutras em termos de valor, e os dados são um espelho de sua fonte, distorcendo esses sistemas para perpetuar as desigualdades existentes – veja, por exemplo, o algoritmo de crédito que nega empréstimos desproporcionalmente a qualquer pessoa que não seja um homem branco.[6] Quando não é controlado, o viés da IA prolifera. Uma vez que sistemas treinados com conteúdo puro da internet podem rapidamente cair em uma névoa odiosa de falsidade, teorias da conspiração e discurso de ódio, há certo interesse em impedir que isso aconteça. Alguns legisladores chegaram a argumentar (talvez sabiamente) que armas nucleares e IA não devem se misturar.

Outros países também pressionam por regulamentação, embora suas prioridades políticas possam ser drasticamente diferentes. A China, que lidera o mundo em tecnologias de vigilância por IA, como o reconhecimento facial, revelou um projeto de regulamentação que exige que as empresas de IA obedeçam às políticas de censura do partido que está no poder – evitando, por exemplo, ferramentas capazes de gerar material que difame líderes ou traga à tona histórias proibidas.

No entanto, os maiores evangelizadores da IA continuam a manter a fé de que sua beneficência é quase absoluta. Não surpreende o fato de que os tecnófilos mais visíveis são oriundos do Vale do Silício e da grande indústria. Um dos mais proeminentes é a pessoa que mais lucrou com uma revolução tecnológica anterior – aquela que nos deu os computadores pessoais. Em março de 2023, Bill Gates publicou uma longa postagem em seu *blog* saudando o início da era da IA e comparando-a à criação do microprocessador, do computador, da internet e do telefone celular.[7] Por sua vez, a Greylock Partners, empresa de capital de risco do cofundador do LinkedIn, Reid Hoffman, apoiou 37 empresas de IA, e o número continua aumentando. "Estou batendo o tambor da positividade bem alto", diz ele, afirmando que a tecnologia "elevará a humanidade", talvez disponibilizando a todos um assistente médico ou um tutor pessoal de IA.[8] Curiosamente, o CEO da IBM, Arvind Krishna, argumentou que a destruição de empregos humanos pela IA é positiva. Observando que, nos anos que se seguiram à pandemia, algumas economias avançadas enfrentaram escassez de mão de obra, Krishna observa: "Precisamos de tecnologias que ajudem. Os Estados Unidos estão agora com 3,4% de desemprego, o menor em 60 anos. Então, talvez possamos encontrar ferramentas que substituam parte da mão de obra, e isso é uma coisa boa desta vez".[9]

O objetivo deste livro não é escolher lados entre os que alertam sobre a tecnologia, os que regulam ou os tecnófilos. Em vez disso, seu propósito é simplesmente reconhecer que a IA agora está incorporada a quase todos os aspectos da vida moderna – portanto, é melhor que os humanos aprendam a prosperar com ela.

Um ensino superior para o nosso tempo

Nos últimos anos, minhas conversas com estudantes que ingressam no mercado de trabalho e com os líderes empresariais que os contratam revelaram algo importante: para se manter relevante nesta nova realidade econômica, o ensino superior precisa de um realinhamento drástico. Em vez de educar estudantes universitários para empregos que estão prestes a desaparecer com a crescente onda tecnológica, as universidades do século XXI devem libertar os estudantes de modelos de carreira ultrapassados e transferir a eles a responsabilidade por seu próprio futuro. Devem equipar os alunos com as competências e habilidades necessárias para prosperar em uma economia definida pela tecnologia, bem como continuar a lhes oferecer acesso ao aprendizado requerido para enfrentar os desafios da vida em um ambiente global e diverso. O ensino superior exige um novo modelo e uma orientação que se afaste de seu foco duplo em estudantes de graduação e pós-graduação. As universidades devem ampliar seu alcance para se tornarem motores de aprendizagem ao longo da vida, de criação de força de trabalho e de reinvenção ao longo da vida.

Essa mudança educacional é necessária porque o gênio da IA não se enfiará de volta na lâmpada. Em revoluções tecnológicas passadas, os agricultores e tecelões que foram vítimas de tratores e fiandeiras tiveram que suportar uma difícil transição econômica e profissional. No entanto, por meio da requalificação, eles poderiam ter encontrado empregos nas novas fábricas. Da mesma forma, à medida que a Era da Informação eliminou grandes áreas da manufatura tradicional, muitas pessoas conseguiram adquirir qualificação e treinamento para obter trabalho na manufatura avançada, no setor de serviços ou em escritórios. Hoje, as antigas verdades estão desaparecendo rapidamente e as soluções não são óbvias. Mas podemos afirmar com segurança que os empregos se tornarão mais complexos, e não menos. Portanto, a educação continuará sendo a escada pela qual as pessoas ascendem a níveis profissionais mais elevados.

Não temos como saber quais empregos a IA gerará, mas podemos supor que esses novos empregos exigirão amplo conhecimento de tecnologia. Cinquenta anos atrás, ninguém poderia imaginar que "engenheiro de modelo de aprendizado profundo" seria uma profissão legítima, mas aqui estamos. À medida que atravessamos este terreno inexplorado, devemos nos perguntar: como devemos preparar as pessoas para o nosso mundo em rápida transformação? Como a educação pode ajudar as pessoas e a sociedade a prosperar?

Na condição de reitor de universidade, essa não é uma questão trivial para mim. Aliás, a universidade que lidero, a Northeastern, preocupa-se explicitamente com as conexões entre educação e trabalho. Pioneira na aprendizagem experiencial, alicerçada no modelo cooperativo de ensino superior, a missão da Northeastern sempre foi preparar os alunos para se sentirem plenos e realizados. Ao mesmo tempo, o ensino superior é um instrumento para a criação da força de trabalho, e segmentos essenciais como a manufatura avançada ou os setores de energia limpa e verde não podem funcionar a menos que as universidades eduquem seus colaboradores nas tecnologias mais avançadas. A ascensão das carreiras individuais, das empresas, das cidades e até mesmo das economias depende da atualização de nossos currículos e do acesso da força de trabalho a eles. Apesar desse imperativo, no entanto, acredito que o modelo existente de ensino superior ficou aquém das realidades da emergente economia da IA – e das mudanças que ela necessariamente trará.

Em *O despertar de tudo*, David Graeber e David Wengrow nos falam sobre o *kairos*, o conceito grego segundo o qual as sociedades às vezes passam por momentos em que seus referenciais mudam, causando uma metamorfose de "princípios e símbolos fundamentais" que substitui os antigos deuses.[10] Vivemos em uma época de *kairos*, embora parte do setor de ensino superior pareça não o reconhecer. Mesmo assim, um dos principais propósitos da educação é oferecer contexto e perspectiva, para que possamos visualizar as possibilidades do que pode ser. Com a educação, acredito que ainda haverá muito trabalho a ser realizado pelas pessoas. Grandes empreendimentos, como restaurar o meio ambiente e acabar com a pobreza, exigirão todo o talento humano que o mundo puder reunir. As máquinas nos ajudarão a explorar o universo, mas os seres humanos enfrentarão as consequências da descoberta. Os seres humanos ainda lerão livros escritos por autores humanos e se emocionarão com canções e obras de arte nascidas da imaginação humana. Os seres humanos ainda praticarão ações éticas de altruísmo ou coragem e escolherão agir para a melhoria do nosso mundo e da nossa espécie. Os seres humanos também cuidarão de nossos bebês, confortarão os enfermos, cozinharão nossos pratos favoritos, fabricarão nossos vinhos e jogarão nossos jogos. Há muitas coisas para todos nós fazermos.

Nesse sentido, este livro oferece um modelo atualizado de ensino superior – um modelo que desenvolverá e capacitará uma nova geração de criadores, cidadãos que podem empregar todas as maravilhas tecnológicas de nossa era para prosperar em uma economia e sociedade transformadas pela IA. Também prevê um ensino superior que continue a proporcionar os frutos do aprendizado aos alunos muito depois de terem iniciado suas carreiras profissionais, auxiliando-os ao longo da vida. Pode parecer, de certa forma, um roteiro para levar o ensino superior a uma nova direção. No entanto, não oferece um ponto de partida, mas sim uma continuidade com o propósito secular das faculdades e universidades: preparar os alunos para os rigores de uma vida ativa no mundo como ele existe hoje e existirá no futuro. A educação sempre atendeu às necessidades da sociedade. Deve fazê-lo agora, mais do que nunca. Isso ocorre porque a educação é a precursora do progresso e da mudança – e a mudança é a força definidora da vida.

Uma educação unicamente humana

A educação é sua própria recompensa, equipando-nos com o aparato mental para viver uma existência rica e realizada. No entanto, para a maioria das pessoas em uma sociedade e economia avançadas, também é um pré-requisito para empregos de colarinho-branco. Sem um diploma universitário, os funcionários típicos terão dificuldade para ascender na escala econômica e podem muito bem acabar caindo pelos degraus.

Quando a economia muda, o ensino superior também precisa mudar. Isso já aconteceu antes. A sociedade sempre buscou educar as pessoas nas disciplinas consideradas mais valiosas. Assim, no século XVIII, as faculdades coloniais ensinavam clássicos, lógica e retórica a quadros de futuros advogados e clérigos. No século XIX, faculdades científicas e agrícolas surgiram para atender às demandas de um mundo em industrialização, movido a vapor e aço. No século XX, assistimos à ascensão de diplomas profissionais adequados para o trabalho de escritório na economia corporativa.

Em grande parte do mundo atual, a era colonial e a era industrial existem apenas nos livros de história, e até mesmo o ciclo dos escritórios está sendo transformado. Vivemos na era digital, e os estudantes enfrentam um futuro digital no qual a inteligência artificial desempenhará uma parcela cada vez maior do trabalho que os humanos realizam atualmente. O emprego envolverá com menos frequência a aplicação rotineira de fatos, portanto a educação deve seguir o exemplo. Para garantir que os graduados sejam "à prova de robôs" no ambiente profissional, as instituições de ensino superior deverão reequilibrar seus currículos e suas práticas.

Um modelo de ensino superior à prova de robôs não se preocupa apenas em alimentar a mente dos alunos com fatos de alta combustão. Em vez disso, ele reequipa seus mecanismos mentais, calibrando-os com uma mentalidade criativa e a elasticidade mental necessária para inventar, descobrir ou produzir algo que a sociedade considere valioso. Pode ser qualquer coisa – uma prova científica, uma gravação de *hip-hop*, uma nova rotina de exercícios, uma história em quadrinhos na internet ou a cura para o câncer. Seja qual for a criação, ela deve, de alguma forma, ser original o suficiente para escapar do rótulo de "rotina" e, portanto, da ameaça da automação. Em vez de educar os trabalhadores, uma educação à prova de robôs educa os criadores.

O campo da robótica está produzindo a geração mais avançada de máquinas da história, então precisamos de uma estrutura que possa fazer o mesmo pelos seres humanos. Nas páginas a seguir, apresento a estrutura de um novo currículo – *humanística* – cujo objetivo é nutrir a criatividade, a flexibilidade e a autonomia nos infinitos contextos situacionais da vida. Humanística se baseia nas forças inatas das pessoas e prepara os alunos para evoluir em um mundo no qual a IA trabalha em conjunto com profissionais humanos. E, assim como os estudantes de direito de hoje aprendem tanto um corpo específico de conhecimento como uma mentalidade jurídica, os estudantes de humanística de amanhã precisarão dominar conteúdos específicos, bem como praticar capacidades cognitivas exclusivamente humanas.

Nos capítulos a seguir, descrevo tanto a arquitetura como o funcionamento interno de humanística, mas aqui começo explicando sua dupla natureza. O primeiro aspecto, seu conteúdo, toma forma no que chamo de *novos letramentos*. No passado, o letramento em leitura, escrita e matemática constituía a base para a participação na sociedade. Mesmo profissionais qualificados não precisavam de nenhuma proficiência técnica além de saber clicar e arrastar em um conjunto de programas de computador. Isso não é mais suficiente. No futuro, os graduados precisarão desenvolver os antigos letramentos, adicionando mais três: letramento tecnológico, letramento de dados e letramento humano. As pessoas não podem mais evoluir em um mundo digitalizado usando ferramentas analógicas. Auxiliadas pela IA, elas viverão e trabalharão em um fluxo constante de informações e generatividade instantânea. O letramento tecnológico lhes dá uma base para conhecer o funcionamento de suas máquinas. O letramento de dados permite que analisem e julguem o mérito dessas marés de informação em constante ascensão. O letramento humano ensina criatividade, cultura, empatia e conexão, permitindo às pessoas prosperar no meio social.

Como observado anteriormente, o conhecimento por si só não é suficiente para o trabalho do amanhã. O segundo aspecto de humanística, portanto, não é um conjunto de áreas de conteúdo, mas sim um rol de *capacidades cognitivas*. Estas consistem em habilidades mentais de ordem superior – mentalidades e maneiras de pensar sobre o mundo. Elas incluem capacidades essenciais como o objetivo tradicional dos programas de ciências humanas, o pensamento crítico, que instila o hábito da análise disciplinada e racional, e o julgamento. Mas também abrangem capacidades catalíticas que impulsionam a ação, como o conforto com o risco, e capacidades criativas, como o pensamento inovador fora de parâmetros claramente definidos.

Juntos, os novos letramentos e as capacidades cognitivas se integram para ajudar os alunos a irem além da IA gerando criatividade, autonomia e conexão humana. Ao fazê-lo, eles permitem que os alunos colaborem com outras pessoas e máquinas, ao mesmo tempo que enfatizam os pontos fortes de ambos. Em suma, podemos ter em humanística um poderoso conjunto de ferramentas para a humanidade.

Este livro também explora as maneiras como as pessoas utilizam essas ferramentas. Para adquirir as capacidades cognitivas em alto nível, os estudantes devem fazer mais do que ler sobre elas na sala de aula ou aplicá-las em estudos de caso ou simulações no meio educacional. A fim de consolidá-las na mente, eles precisam vivenciá-las na intensidade e na incerteza de ambientes de trabalho reais, como cooperativas ou estágios de longa duração. Assim como a aprendizagem experiencial é o modo como as crianças pequenas decifram os segredos da fala e dos movimentos, como os alunos Montessori aprendem a ler e a contar, e como atletas e músicos aperfeiçoam seus saltos ou arpejos, é dessa maneira que os estudantes universitários aprendem a pensar diferente, o que torna esse sistema de ensino ideal para a humanística.

Um novo modelo de ensino superior deve, no entanto, levar em conta o fato de que a aprendizagem não termina quando se recebe um diploma de bacharel. À medida que as máquinas continuam a superar seus antigos limites, os seres humanos precisam seguir aprimorando suas capacidades mentais, suas habilidades e seu conhecimento tecnológico. As pessoas raramente permanecem na mesma carreira que escolheram ao se formarem, por isso precisam do apoio da aprendizagem ao longo da vida. As universidades podem oferecer isso indo até onde esses alunos estão. Isso significa uma mudança fundamental em nossa oferta de educação, mas também em nossa noção de *timing*. Já não é suficiente que as universidades se concentrem apenas em anos isolados de estudo para alunos de graduação e pós-graduação. O ensino superior deve ampliar sua visão de quem servir e quando. Devemos servir a todos, independentemente da fase da vida. Devemos servir a sociedade inteira.

Estender a aprendizagem ao longo da vida a todos os que buscam por ela não é uma tarefa que as universidades possam realizar sozinhas. A chegada da era da IA exige um pacto social reinventado que una o ensino superior, o governo, os empregadores e os próprios alunos. Expandindo o modelo da época da Guerra Fria de apoio governamental à pesquisa universitária, que é então trazida ao mundo pelas empresas, esse pacto reuniria parceiros em toda a sociedade para a tarefa de proporcionar a todos a oportunidade de educação continuada. Se nos comprometêssemos com um empreendimento tão grandioso, os alunos poderiam reinventar suas habilidades e carreiras, os empregadores poderiam reinventar seus talentos e o ensino superior poderia se reinventar para as realidades da economia da IA. Os benefícios para a sociedade seriam incalculáveis.

Até 2030, o planeta Terra terá 8,5 bilhões de habitantes humanos, todos dotados de ambição, inteligência e potencial.[11] Será ainda mais conectado e competitivo do que o que conhecemos hoje. A inteligência artificial estará ainda mais intrinsecamente entrelaçada à estrutura de nossas vidas pessoais e profissionais. Muitos dos empregos que existem hoje terão desaparecido. Outros ainda não foram inventados. A única certeza real é que o mundo mudará – e com as mudanças vêm desafios, bem como oportunidades. Em muitos casos, eles são a mesma coisa.

A educação determinará a diferença.

1

Medos de um futuro com IA

O resultado é simplesmente questão de tempo, mas que chegará a hora em que as máquinas deterão a verdadeira supremacia sobre o mundo e seus habitantes é algo que nenhuma pessoa com uma mente verdadeiramente filosófica pode questionar por um momento sequer.
– Samuel Butler, "Darwin entre as máquinas" (1863)

No verão de 2023, a Yale School of Management realizou sua 134ª cúpula de CEOs, reunindo centenas de líderes influentes em negócios, tecnologia, governabilidade e docência para discutir as oportunidades e ameaças representadas pela inteligência artificial. Entre painéis e apresentações com títulos como "Inteligência, Inovação e Indústria: Desordem sem Destruição", os participantes ouviram palestrantes como o presidente e CEO da Coca-Cola, James Quincey, que discutiu a aplicação da IA ao *marketing*, e Jason Furman, ex-presidente do Conselho de Economia da Presidência dos Estados Unidos, que expressaram a preocupação de que a regulamentação pudesse sufocar a competitividade. Ao receber o prêmio de "Lenda em Liderança", Steven Spielberg imitou Vito Corleone, de *O Poderoso Chefão*, afirmando ser a favor da IA – desde que não interferisse em seus negócios.[1]

O evento também contou com diversas pesquisas de opinião. Em uma delas, 45% dos CEOs entrevistados afirmaram que a IA generativa, como o ChatGPT, seria "mais transformadora do que avanços tecnológicos seminais anteriores, como a criação da internet, a invenção do automóvel e do avião, a refrigeração etc.". De maneira ainda mais alarmante, outra pesquisa constatou que um número semelhante de CEOs – 42% – acreditava que a IA poderia destruir a humanidade nos próximos dez anos.

Como dizem, não é paranoia se elas realmente querem te pegar. Mas, embora as máquinas ainda não tenham demonstrado qualquer predileção por exterminar nossa espécie (exceto em inúmeros filmes de ficção científica), elas vêm substituindo nosso trabalho desde que uma pedra afiada provou ser mais durável do que uma unha. A história da obsolescência do local de trabalho é quase tão antiga quanto a história do trabalho. À medida que as tecnologias aumentam nossa capacidade laboral, a natureza do trabalho inevitavelmente muda. A nova questão que enfrentamos é se a evolução do trabalho no século XXI – agora influenciada pelo rápido surgimento da IA – será qualitativamente diferente da evolução do trabalho nos séculos XX, XIX ou, na verdade, no século X a.C.

Elementos e trabalho

Na física, o trabalho é realizado quando uma força é aplicada a um objeto, movendo-o em uma direção específica. Isso gasta energia. Na biologia, todos os organismos gastam energia para obter nutrição e continuar o processo de viver, despender e se alimentar.

Ao longo da história, os seres humanos passaram a maior parte de sua existência despendendo energia no trabalho para obter alimento. Mas, ao contrário de muitos outros organismos, inventamos maneiras de amplificar essa energia, aproveitando forças muito maiores do que as disponíveis em nossos dentes e musculatura. Há um milhão de anos talvez, nossos ancestrais já domavam o elemento fogo.[2] O fogo controlado estava entre as maiores inovações no trabalho – mesmo para os padrões atuais. Cozinhando os alimentos, nossos ancestrais conseguiram gastar menos energia na digestão, permitindo-nos comer plantas úteis como trigo e arroz, destruindo bactérias que danificam nossos corpos e reduzindo o esforço que dedicamos à mastigação e ao processamento. Isso nos liberou para gastar mais energia na evolução de nossos enormes cérebros.[3]

Muito mais recentemente, os seres humanos domaram plantas e gado, aumentando enormemente a quantidade de energia que podíamos consumir e, no caso de animais de tração, empregar para o trabalho. Também aproveitamos o elemento ar por meio da invenção de velas e moinhos de vento. Mas quando domamos a força do vapor encontramos uma força elementar verdadeiramente confiável.

A Revolução Industrial começou com a constatação de que o calor podia causar movimento, que realiza trabalho. Fervendo água, era possível mover um pistão, que, por sua vez, movia qualquer coisa que um engenheiro do século XVIII pudesse acoplar a ele. Iniciando por bombas-d'água em poços de minas, as máquinas começaram a realizar trabalhos que antes eram fruto de membros fortes e costas rígidas. Em poucas décadas, esse processo de industrialização transformou quase todos os aspectos da sociedade humana.

Na esteira dessa inovação, o mundo rapidamente se tornou mecânico, utilizando carvão e, em seguida, petróleo para gerar quantidades aparentemente ilimitadas de energia. Fábricas e moinhos ganharam vida, ferrovias percorreram o campo com um ruído agudo, cidades iluminadas a gás proliferaram com tijolos e ferro, suas populações fervilhando dos frutos da semeadeira e do arado holandês. Desde os primórdios da agricultura, a humanidade nunca havia experimentado uma mudança tão incontestável.

No entanto, somente no final do século XIX o poder total da revolução tecnológica entrou em vigor. Isso foi impulsionado pela domesticação da eletricidade por descobridores científicos como Michael Faraday e inventores como Thomas Edison e Joseph Swan. Em 1881, Swan usou suas lâmpadas incandescentes para iluminar o Teatro Savoy, em Londres, e, em poucos anos, a eletricidade libertou a humanidade de bilhões de anos de escuridão noturna. Com o desenvolvimento da corrente alternada de alta-tensão, os engenheiros conseguiram alimentar linhas de montagem e a produção em massa, ampliando novamente nossa capacidade de trabalho físico e revolucionando nosso modo de vida.

Até então, fogo, vapor e eletricidade eram as três forças elementares que amplificavam a energia da humanidade para realizar trabalho. Mas então, em meados do século XX, uma nova força surgiu com o potencial de ser igualmente transformadora. A informação – expressa como uns e zeros no código binário que alimenta nossas máquinas digitais – emergiu para se tornar uma força de mudança tão titânica quanto qualquer uma de suas predecessoras. De fato, uma vez que o poder digital amplifica nossa capacidade de trabalho mental, ele pode ser mais transformador do que qualquer força desde que um antigo hominídeo aprendeu a acender fogo.

Como na física, quando um corpo realiza trabalho, aplicando força para mover um objeto em uma direção específica, o objeto simultaneamente exerce uma força igual em magnitude e oposta em direção ao primeiro corpo. Em outras palavras, para cada ação, há uma reação equivalente. E esse também tem sido o caso à medida que a força da tecnologia atua na sociedade humana.

O retorno de Robin Hood

Em 27 de fevereiro de 1812, o jovem George Gordon Byron, o sexto Barão Byron, compareceu perante a Câmara dos Lordes, na Inglaterra, para proferir seu primeiro discurso. Poucos dias depois, quando Lord Byron publicou os dois primeiros cantos de *Childe Harold's Pilgrimage* e se tornou uma celebridade instantânea ao subir ao pódio no Parlamento, era um escritor relativamente desconhecido de sátiras e versos amorosos, ainda não o personagem "louco, mau e perigoso de se conhecer" que chocava a sociedade de salão. Mesmo assim, seu primeiro discurso como político foi sobre um evento escandaloso.

Além de ser o lendário lar de Robin Hood, a cidade de Nottingham era havia muito tempo um centro de fabricação de meias de seda. Em 1810, no entanto, as inovações tecnológicas estavam revolucionando o setor de meias à medida que os donos das fábricas da cidade introduziam armações mecânicas movidas a vapor, substituindo a mão de obra de artesãos qualificados. Embora esses artesãos detivessem conjuntos de habilidades altamente desenvolvidos, os donos das fábricas buscavam reduzir os custos com mão de obra e aumentar a produção de tecidos em massa. Irritados com a má qualidade dos produtos fabricados à máquina e com as péssimas condições de trabalho nas novas fábricas, os artesãos formaram sociedades secretas sob a bandeira de um personagem inventado, Ned Ludd – uma figura de Robin Hood adaptada para a era industrial. Autodenominando-se "luditas", em novembro de 1811 invadiram as fábricas de meias e destruíram as novas máquinas dos proprietários. A revolta logo se espalhou para as comunidades vizinhas, forçando o governo a convocar o exército. Em determinado momento, mais soldados britânicos lutavam contra os luditas do que os mobilizados contra os franceses na península Ibérica.[4]

Lord Byron possuía terras em Nottinghamshire e havia testemunhado de perto a violência e a perturbação. Assim, quando a Câmara dos Lordes se reuniu para debater se a depredação de teares de meias deveria ser considerada um crime capital, ele falou apaixonadamente em defesa dos luditas, argumentando que os "meios de subsistência dos manifestantes foram cortados, todos os outros empregos foram ocupados, e os seus excessos, por muito deploráveis e condenáveis que sejam, dificilmente causam surpresa".[5] Em outras palavras, se as máquinas degradavam a qualidade de vida dos trabalhadores, estes dificilmente poderiam ser responsabilizados por querer que elas fossem destruídas.

Apesar da eloquência de Byron, a lei foi aprovada. Vários dias depois, em 2 de março, o *London Morning Chronicle* publicou um poema anônimo intitulado "Ode aos Autores da Lei da Moldura", embora não fosse difícil de se atribuir a autoria a Byron. Entre seus versos mais críticos:

Homens são feitos com mais facilidade do que máquinas –
Meias alcançam preços melhores do que vidas –
Forcas em Sherwood realçarão o cenário,
Mostrando como o Comércio, como a Liberdade prospera![6]

Há duzentos anos, os luditas têm sido um símbolo de resistência ao deslocamento tecnológico – e, ao longo desse tempo, houve uma grande quantidade de deslocamentos dos quais se pode fazer um balanço. A invenção do trator tirou trabalhadores braçais da terra e os levou para as fábricas. O desenvolvimento de processos automatizados nas fábricas tirou os funcionários das linhas de montagem e os levou para o complexo de escritórios corporativos. Karl Marx alertou sobre os efeitos da automação sobre o proletariado, e John Maynard Keynes acreditava que as máquinas causariam “desemprego tecnológico”.[7]

Em meados do século XX, o medo das pessoas de serem substituídas por máquinas não se aplicava apenas aos operários de fábrica. A economia do pós-guerra das décadas de 1940 e 1950 testemunhou uma enorme mudança do trabalho manual para o trabalho administrativo e profissional. Na cerimônia de formatura da Universidade Northeastern em 1956, um jovem senador norte-americano chamado John F. Kennedy disse aos formandos: “Estamos no limiar da automação, que transformará um estado industrializado como o nosso muito antes que outros estados sequer tenham ouvido falar dela. Já estamos presenciando novas indústrias, novos produtos, novos processos”[8] – e antigas ansiedades. Poucos anos após seu discurso, o sucessor de Kennedy na presidência, Lyndon B. Johnson, recebeu uma carta aberta de um grupo de acadêmicos proeminentes alertando sobre o potencial da tecnologia para minar o valor de todo o trabalho humano.[9]

Quando os trabalhadores rurais trocaram seus arados por empregos urbanos, precisaram de novas habilidades para atuar com eficácia nos locais de trabalho industriais. Gerações depois, quando abandonaram seus tornos e ferros de solda por máquinas de escrever e gravadores de voz, seus descendentes precisaram se aprimorar novamente. De fato, ao lidar com as mudanças tecnológicas e sociais, as pessoas sempre responderam melhorando sua educação.

O motor do progresso

Na melhor das hipóteses, a educação – especialmente o ensino superior – não deve considerar a sociedade a distância. Não deve se distanciar dela, mas, em vez disso, percorrê-la como um fio atravessando um tecido, trazendo à vida seus padrões. Desde o surgimento das universidades na Europa medieval, um dos principais objetivos do ensino superior tem sido equipar os alunos para as funções econômicas e profissionais da época. Antes de Nicolau Copérnico e Isaac Newton, as universidades se preocupavam principalmente com a formação de padres, advogados e professores. As economias da Itália, Inglaterra e Espanha medievais precisavam de indivíduos alfabetizados para conduzir os assuntos da alma e do Estado, registrar acordos e administrar propriedades e instituições. Foi isso que as faculdades de Bolonha, Oxford e Salamanca produziram.

Na década de 1850, os Estados Unidos eram um país predominantemente rural, agrário e pouco instruído. Não havia mais necessidade de ensino superior do que o oferecido por um punhado de faculdades coloniais que lidavam com o que o Cardeal John Henry Newman, teólogo e intelectual do século XIX, chamava de "conhecimento liberal", cujo propósito era preparar homens "para preencher qualquer cargo com crédito e dominar qualquer assunto com facilidade". Além disso, Newman acreditava que a educação mais valiosa seria a de um homem que "seja capaz de conversar... seja capaz de ouvir... seja capaz de fazer perguntas pertinentes... [está] mas nunca atrapalha... [e tem] um tato seguro que lhe permita tratar as frivolidades com elegância e ser sério com eficiência".[10] Em outras palavras, as faculdades daquela época preparavam, em grande parte, homens para se tornarem cavalheiros que prosperariam em uma economia e sociedade tecnologicamente pouco exigentes, mas culturalmente ricas.

No entanto, como o próprio Newman escreveu, aquele mundo estava mudando. Assim como a Revolução Industrial remodelou a sociedade à imagem de suas máquinas e empresas, também remodelou o ensino superior. Menos de cem anos depois de James Watt ter acionado sua máquina a vapor, o Congresso dos Estados Unidos aprovou a Lei Morrill de 1862, concedendo terras públicas para financiar universidades que formariam uma nova geração de mestres tecnológicos. Seu objetivo era, "sem excluir outros estudos científicos e clássicos e incluindo tática militar, ensinar ramos do conhecimento relacionados à agricultura e às artes mecânicas", as novas tecnologias da época. Conseguiram isso modelando as novas faculdades e universidades dos Estados Unidos com base nas grandes universidades de pesquisa alemãs que surgiram após as guerras napoleônicas.[11]

As novas universidades voltadas à pesquisa e oriundas da concessão de terras evoluíram além dos antigos currículos de ciências humanas para se concentrar em línguas não clássicas, no campo emergente das ciências sociais e na descoberta científica e tecnológica. Com base em princípios científicos, novos ramos da invenção surgiram dos laboratórios e salas de aula. Disciplinas como economia, biologia e engenharia se uniram em torno de faculdades em crescimento. Em vez de ensinar conhecimentos que remontavam aos gregos e romanos, o ensino superior passou a dedicar suas energias à criação ativa de novos conhecimentos. Em vez de simplesmente cultivar o indivíduo, as universidades assumiram o trabalho de cultivar o progresso econômico e social.[12]

O progresso exigia a participação do indivíduo, portanto o indivíduo precisava da educação adequada. Já na década de 1830, educadores nos Estados Unidos buscavam na Prússia ideias sobre como formalizar um sistema educacional para as crianças do país. Reformadores como Horace Mann defendiam uma forma de educação gratuita, universal, não sectária e que ensinasse as crianças a serem bons cidadãos e participantes de uma república moderna.

Na década de 1840, Mann introduziu esse modelo prussiano em Massachusetts, estabelecendo a base para grande parte do sistema K-12 que persiste até hoje. E, embora esteja na moda criticar a educação pública como um "modelo de fábrica", projetado para processar em lotes grandes massas de estudantes para ocupar posições em uma economia industrial – adaptando engrenagens à máquina –, ela educou com sucesso gerações de jovens norte-americanos para as demandas de sua época. Até a década de 1940, isso significava aderir à migração em massa para os centros urbanos e à rápida mecanização do trabalho.

Em 22 de junho de 1944, com as tropas norte-americanas ainda lutando nos cercados atrás da praia de Omaha, o ensino superior americano empreendeu sua próxima transformação crucial. Prevendo o retorno de milhões de veteranos à vida cívica e a necessidade de integrá-los à economia, o Congresso aprovou a Lei de Reajuste dos Militares – mais conhecida como Lei G.I. –, que previa entre seus benefícios o pagamento de mensalidades e despesas de subsistência para frequentar a faculdade.

Desde o movimento de concessão de terras da década de 1860, não havia uma ampliação tão drástica do acesso ao ensino superior. Os veteranos que retornaram chegaram em massa, logo representando mais de 50% da população universitária do país. Em 1956, a Lei G.I. havia ajudado mais de 2,2 milhões de norte-americanos a ingressar na faculdade.[13] Para acomodar esse enorme número de novos alunos, o ensino superior precisava se expandir radicalmente, e isso foi facilitado por um enorme investimento para ampliar os sistemas de ensino superior público dos estados, incluindo a criação de um novo tipo de escola: a faculdade comunitária.

Acomodar esses novos alunos também significava mudar o ensino das faculdades e universidades. Em abril de 1947, a reportagem de capa da revista *Life* destacou o influxo de estudantes veteranos, sobre os quais a revista escreveu: "O estudante veterano é pobre e trabalhador. Ele já tem experiência suficiente para tornar matérias como geografia difíceis de ensinar. Ele quer uma educação rápida e voltada para os negócios, e está fazendo o possível para obtê-la".[14] Em outras palavras, os novos clientes das faculdades estavam avaliando a economia e a sociedade ao seu redor e exigindo algo diferente das instituições de ensino superior comparado com o que elas ofereciam antes.

A Segunda Guerra Mundial não transformou apenas a demografia e a cultura dentro das salas de aula universitárias. Também mudou a maneira como operavam seus laboratórios e institutos de pesquisa. Quando a Alemanha invadiu a França em 1940, Vannevar Bush, então chefe da Instituição Carnegie, abordou o presidente Franklin D. Roosevelt com uma breve proposta de uma página para um Comitê de Pesquisa de Defesa Nacional. A ideia era coordenar a pesquisa entre oficiais militares e acadêmicos, efetivamente adicionando o peso das universidades ao esforço de guerra e dedicando-as de corpo e alma à descoberta científica e tecnológica. Também abria os portões para uma enxurrada de verbas federais. Dólares federais inauguraram laboratórios de guerra em universidades como o Massachusetts Institute of Technology, a Universidade da Califórnia em Berkeley e a Universidade de Chicago.[15]

A colaboração entre as forças armadas e as instituições educacionais atingiu seu ápice mais famoso no Projeto Manhattan, mas a cessação das hostilidades não significou o fim da pesquisa patrocinada pelo governo. Durante a Guerra Fria e além, o financiamento governamental continuou a fluir para as universidades, impulsionando a criação de conhecimento científico e tecnológico. Na década de 1960, o financiamento federal representava 73% dos orçamentos universitários de pesquisa e desenvolvimento. Em 2021, caiu para cerca de 54%, mas ainda chega a aproximadamente US$ 50 bilhões anualmente.[16] Dizer que esse casamento entre governo e instituições educacionais se mostrou frutífero é um eufemismo: ele deu tudo ao mundo, desde o computador digital até o avião a jato e a vacina comercial contra a poliomielite. Mais do que nunca, as universidades tornaram-se centros de criatividade humana.

Especialmente desde a guerra, então, o ensino superior tem atuado como uma força para o progresso de duas maneiras. Por meio da criação de conhecimento, as próprias universidades se tornaram os principais motores do progresso tecnológico. No início do século XX, 86% do 1,6 bilhão de seres humanos do mundo viviam em fazendas, vivendo e morrendo à luz do fogo.[17] Quando o século terminou, cerca de metade dos 6 bilhões de habitantes do mundo viviam em cidades fervilhando de eletricidade.[18] Os seres humanos caminharam na Lua, dividiram o átomo e arrasaram cidades inteiras usando o conhecimento descoberto por cientistas universitários. Eles trataram suas doenças e prolongaram sua expectativa de vida por meio de tecnologias inventadas em laboratórios de pesquisa universitários. Seus computadores se comunicavam por meio de redes desenvolvidas por universidades que gastavam dinheiro do governo.

Com a mesma potência, o ensino superior permaneceu uma força para o progresso individual. As universidades oferecem as habilidades de que as pessoas precisam para progredir em suas vidas à medida que a tecnologia e a economia avançam. Isso aconteceu quando a Lei G.I. estendeu os benefícios do ensino superior a milhões de norte-americanos, equipando-os para a economia do conhecimento à medida que os primeiros tremores da globalização e da automação começaram a deslocar o trabalho das fábricas para o setor de serviços.

Não é coincidência que o surgimento do ensino superior generalizado e o crescimento da classe média tenham confluído na segunda metade do século XX. À medida que as empresas se tornavam mais complexas, as pessoas precisavam de mais treinamento para preencher as funções de contador, advogado e gerente. Havia uma ligação clara entre um diploma universitário e a ascensão de um funcionário na hierarquia corporativa. De fato, a conexão entre os dois permanece imutável. A vantagem salarial por ter um diploma universitário aumentou constantemente desde a década de 1960 – em 2023, atingindo uma mediana de cerca de 83% a mais de ganhos semanais em relação a pessoas que cursaram apenas o ensino médio.[19]

Os benefícios também não são apenas econômicos. Se você pertence à cota de um terço dos norte-americanos que têm a sorte de ter obtido um diploma de quatro anos, vai desfrutar de melhor saúde, maior estima social e uma média de oito anos e meio a mais de vida do que seus colegas que não o têm.[20] Nesse sentido – e nos Estados Unidos em particular, pois esse abismo na expectativa de vida não ocorre em outros países ricos –, aumentar o nível de escolaridade diminuiria diretamente essas desigualdades aflitivas.

Uma pedra no motor

Por milhares de anos, os seres humanos trabalharam a terra. Duzentos anos atrás, as máquinas substituíram os trabalhadores rurais porque eram fisicamente mais fortes e mais rápidas nas tarefas extenuantes exigidas pela agricultura. Alguns desses agricultores encontraram vidas melhores trabalhando na economia industrial, dedicando-se a tarefas rotineiras que exigiam alguma, mas não muita, instrução. Por sua vez, seus descendentes acabaram começando a ceder esses empregos nas fábricas para máquinas que eram mais eficientes em atividades de rotina, exigindo que os funcionários da indústria se educassem ainda mais para ascender a cargos melhores em escritórios corporativos. Finalmente, no final do século XX, os computadores começaram a executar tarefas cognitivas rotineiras com uma eficiência que nenhum ser humano poderia igualar, invadindo o escritório de contabilidade, a central de atendimento e o setor de secretariado.

Ciclos de automação e interferência geralmente levaram à elevação dos padrões de vida e ao crescimento econômico, à medida que as pessoas encontravam empregos que realizavam tarefas que as máquinas não conseguiam. No entanto, à medida que as máquinas se tornaram mais rápidas, os ciclos também aceleraram. Hoje temos máquinas que editam os genomas da vida que conhecemos e que vasculham o universo em busca da vida que não conhecemos. As máquinas constroem nossos automóveis e até mesmo os dirigem. À medida que a IA generativa avança rapidamente para o ambiente de trabalho, ela está pronta para substituir profissionais que tomam decisões com base em informações. Em outras palavras, ela está pronta para substituir pensadores.

Isso está deixando muitos pensadores ansiosos. Scott Semel, advogado e executivo de tecnologia, acredita que as máquinas são muito melhores do que ao advogados para escanear e resumir um grande número de contratos de locação ou licenciamento. "A IA simplesmente faz a mesma coisa de novo e de novo e de novo", diz Semel. "As pessoas se cansam. Duas pessoas diferentes podem ler o mesmo contrato. Alguém pode terminar metade e ir para casa, ficar fora até tarde e voltar de ressaca. Há muitas variáveis em torno disso. E esse tipo de trabalho, que consiste em resumir, destilar muitos dados em categorias, é algo que as máquinas fazem bem."[21]

Durante a década de 2010, economistas e comentaristas publicaram estantes de livros prevendo as implicações econômicas da então emergente geração de inteligência artificial. Prevendo o fim do trabalho, uma nova era das máquinas e a desvalorização do trabalho humano, uma parte considerável dessa ostentação e análise assumiu um timbre de Cassandra.* A IA generativa está agora colocando essas previsões à prova imediatamente. Mas nem todos veem a IA como uma ameaça ao trabalho humano. Colin Angle, CEO e cofundador da fabricante de robôs iRobot, observa: "Quando os computadores surgiram, eles iriam revolucionar a forma como as pessoas faziam negócios. Não revolucionaram. Certamente ajudaram as pessoas a serem mais eficientes, mas não apenas não eliminaram empregos como criaram oportunidades para fazer mais".[22]

A empresa de Angle produz o robô aspirador Roomba, que é essencialmente um dispositivo empregado para economizar tempo, um descendente direto da lava-louças. Ele acredita que as novas tecnologias atuais são inerentemente semelhantes. Não devemos cometer o erro de "pensar que o mundo é um sistema fechado, de soma zero, e que novas oportunidades não serão criadas por essas tecnologias", diz Angle. "Acho que a história provou que essa é uma visão muito imprecisa de como o mundo funciona."

Historicamente, ele está certo. Há uma melancolia malthusiana na ideia de que o mercado de trabalho é um aglomerado singular, cuja maior parte é

---

* N.E.: Expressão que remete à personagem da mitologia grega que, embora tivesse o dom da profecia, era desacreditada e por isso considerada louca. O texto faz referência ao alarmismo em torno do futuro da tecnologia sob o domínio da inteligência artificial.

devorada por robôs e os restos são divididos por humanos cada vez mais famintos. Na realidade, a ideia de Malthus de que a abundância levaria à superpopulação e ao colapso provou-se espetacularmente incorreta ao longo dos séculos. Desde que a Revolução Industrial colocou as máquinas no papel de seres humanos, sempre encontramos novas indústrias e novas fronteiras para nossos talentos. Em vez de disputar os mesmos empregos, inventamos novos.

É verdade que nem todos se beneficiaram desses novos empregos. Quando as montadoras norte-americanas automatizaram muitas tarefas de produção na década de 1980, pararam de contratar trabalhadores com baixa escolaridade e começaram a recrutar candidatos com qualificações formais, reduzindo as oportunidades disponíveis para pessoas de origens desfavorecidas.[23] Gerações de trabalhadores braçais perderam o equilíbrio na escala econômica, descendo de empregos estáveis para o trabalho assalariado precário em áreas como o preparo de alimentos ou a construção civil. A queda continuou em muitos setores. Na década de 1970, 52% dos trabalhadores norte-americanos ocupavam posições que teriam proporcionado uma renda de "classe média". Em 2018, esse número era de 33%.[24]

A atual revolução da IA difere das rodadas anteriores de automação porque também está serrando os degraus mais altos da escada. A IA generativa supera as pessoas em muitas tarefas cognitivas que até recentemente eram consideradas fora de cogitação para as máquinas. E, como o *software* é barato de copiar, qualquer avanço digital pode ser replicado instantaneamente em todo o mundo. Como observa o escritor especializado em tecnologia Martin Ford: "Imagine o impacto de uma grande corporação que é capaz de treinar um único funcionário e, em seguida, cloná-lo em um exército de trabalhadores, todos os quais possuindo instantaneamente seu conhecimento e experiência, mas, a partir daí, também capazes de continuar aprendendo e se adaptando a novas situações".[25] Se este for o nosso futuro imediato – e há muitas razões para acreditar que seja –, podemos estar vivendo em uma época em que grande parte do trabalho humano remunerado desaparecerá.

Talvez a questão mais urgente sobre a IA generativa seja se ela complementará as habilidades das pessoas ou as substituirá. Segundo o economista do MIT David Autor, a IA é "útil na medida em que complementa a *expertise* e torna o conjunto de habilidades das pessoas mais valioso, permitindo que elas façam mais com ele. É prejudicial na medida em que retira habilidades nas quais investimos, que são a base do nosso sustento, e as torna tão abundantes que não valem mais nada".[26] David Autor relata o exemplo de um taxista londrino que passou anos adquirindo o "Conhecimento" ao memorizar exaustivamente todas as ruas da cidade. Se a IA simplesmente substituir a *expertise* das pessoas por um custo baixo ou gratuito – digamos, colocando essa *expertise* nos celulares das pessoas –, isso é uma péssima notícia para os taxistas londrinos. Se, por outro lado, a IA complementar as habilidades dos enfermeiros, fornecendo registros eletrônicos, informações de diagnóstico e alertas contra interações medicamentosas prejudiciais, eles poderão realizar tarefas mais complexas sem passar anos adicionais na faculdade.

Independentemente dos talentos da IA, parece que a *expertise* fundamental dos humanos ainda será necessária no futuro. David Autor recorre à analogia de um eletricista iniciante que sabe descascar um fio ou montar um circuito e que pode se beneficiar de um tutorial do YouTube sobre como substituir uma caixa de disjuntores. Um eletricista completamente despreparado assistiria ao mesmo vídeo e imediatamente incendiaria a casa.[27] Para as universidades, isso sugere que haverá uma demanda permanente por educação em letramento básico – incluindo como fazer um uso mais produtivo da tecnologia. Para os estudantes, é um motivo convincente para encontrar maneiras inovadoras de utilizar a IA em suas carreiras – daí a observação cada vez mais repetida atualmente de que a IA pode não substituir seu trabalho, mas um ser humano que sabe como usá-la o fará.

Um fator que pode complicar ainda mais esse cenário é a tendência dos sistemas de IA generativa a experimentar "ficar à deriva", na qual as tentativas de melhorar sua *performance* em uma área degradam seu desempenho em outras. Na primavera de 2023, por exemplo, o ChatGPT tornou-se menos preciso e responsivo em certas tarefas matemáticas.[28] Dada a complexidade dos modelos computacionais, é difícil identificar as causas exatas de sua erosão. Mas seu progresso está longe de ser linear, e, no futuro previsível, os humanos permanecerão "atualizados", testando-os, modificando-os e corrigindo-os.

As previsões sobre se a IA será complementar, substitutiva ou superestimada são tão variadas quanto as previsões sobre o futuro da economia global. A IA também não é a única causa de incerteza no mercado de trabalho. A pandemia de Covid-19 demonstrou vividamente que as certezas econômicas podem desaparecer quase da noite para o dia. Só nos Estados Unidos, ocorreram 8,6 milhões de "mudanças ocupacionais" entre 2019 e 2022, e a natureza do trabalho mudou, com muitas funções se tornando remotas ou híbridas.[29] Embora os mercados de trabalho em países de alta renda permaneçam fortes no momento em que este texto foi escrito, a inflação perniciosa, o aumento das taxas de juros e o arrocho monetário estão turvando as águas à frente. Muitas economias em desenvolvimento têm experimentado recuperações mais lentas do mercado de trabalho, sendo as mulheres, os trabalhadores mais jovens e as pessoas com menor escolaridade os mais afetados.[30] De acordo com um relatório do Fórum Econômico Mundial, três quartos dos empregadores globais esperam que o aumento do custo de vida e o crescimento econômico mais lento "impulsionem a transformação" em suas organizações antes de 2027.[31] O mesmo relatório prevê uma rotatividade estrutural de cinco anos – o que significa movimentação de empregos, com novas funções criadas e as antigas destruídas – de 23% em toda a força de trabalho global.

Para os empregados, a incerteza é palpável. Se Nostradamus tivesse cursado uma pós-graduação em economia do trabalho, provavelmente teria se recusado a especular sobre a situação do mercado de trabalho do futuro. Tudo o que podemos afirmar com segurança é que as gerações anteriores recorreram à educação para ajudá-las a dominar as exigências econômicas impostas pela tecnologia. Se o passado servir de guia, em breve poderá ser um ótimo momento para retornar ao ensino superior.

Uma solução educacional

A educação tem sido, há muito tempo, o antídoto mais seguro para o deslocamento pela automação. Um tecelão desempregado poderia aprender a operar máquinas. Um maquinista demitido poderia aprender engenharia ou administração. Esse caminho ascendente sempre esteve disponível porque, mesmo com o desaparecimento de empregos de menor qualificação, as economias se tornaram mais complexas, assim como o trabalho que as impulsionava. Conjuntos de habilidades cada vez mais elevados exigiam salários cada vez mais altos. Essa dinâmica ainda se confirma na era da IA. A diferença é que, com o crescimento explosivo da tecnologia, os conjuntos de habilidades necessários para sustentar a mobilidade ascendente estão cada vez mais avançados, e as universidades têm o dever de atender a essa crescente demanda por aprendizado.

Uma geração atrás, uma pessoa podia passar quatro anos da vida obtendo um diploma de bacharel e esperar confiantemente pelo ingresso em uma vida de emprego estável na classe média. Não é mais o caso. Embora profissionais com formação universitária ainda tenham uma enorme vantagem salarial vitalícia em relação aos formados no ensino médio, a remuneração mediana para norte-americanos que têm apenas o diploma de bacharel caiu quase 8% em termos ajustados pela inflação em 2022.[32] Dada a taxa extraordinariamente alta de rotatividade prevista no mercado de trabalho, muitos graduados em breve se verão lutando para se adaptar a novas funções ou buscando empregos para os quais não se prepararam.

Os trabalhadores mais valorizados no mercado hoje são aqueles com diplomas avançados – particularmente aqueles que os capacitam para atuar ao lado de máquinas inteligentes em áreas altamente técnicas, como bioinformática ou segurança cibernética. Reconhecendo isso, as pessoas responderam matriculando-se em cursos. Entre 2010 e 2021, as matrículas pós-bacharelado nos Estados Unidos aumentaram 9%. Até 2031, projeta-se um aumento adicional de 6%, de 3,2 milhões para 3,5 milhões de alunos.[33]

Mas o fato é que a IA continuará aumentando a parcela de trabalho qualificado que realiza. Consequentemente, muitas pessoas têm reconhecido que a educação precisa se transformar em uma busca ao longo da vida, que lhes permita aprimorar suas habilidades e se requalificar continuamente enquanto tentam se manter um passo à frente dos sistemas de IA que absorvem muitas tarefas. Um relatório constatou que, até 2030, "atividades que representam até 30% das horas trabalhadas atualmente na economia dos EUA poderão ser automatizadas".[34] Por enquanto, porém, a aprendizagem ao longo da vida continua sendo a resposta mais segura para uma carreira longa, resiliente e remunerada. No entanto, sua forma e conteúdo podem não ser exatamente o que o passado nos ensinou a esperar. Na verdade, como exploraremos mais adiante, uma educação ao longo da vida verdadeiramente útil pode assumir uma forma diferente de tudo o que a precedeu.

Pensando diferente

Assim como nossos ancestrais não conseguiam competir com uma máquina a vapor puxando um carregamento de carvão ao longo de uma ferrovia, não podemos competir com máquinas pensantes por sua enorme capacidade intelectual e peso computacional. Em 1996, Garry Kasparov não conseguiu superar o Deep Blue, o supercomputador da IBM que jogava xadrez, e desde então a IA tem desfrutado de décadas de crescimento em poder de processamento e em avanços no treinamento de grandes modelos de linguagem. Assim, a educação mais útil para a era atual não se limitará a ensinar as pessoas a calcular movimentos de xadrez ou a extrair carvão metafórico; ensinará as pessoas a fazer o que as máquinas não conseguem. Isso significa educá-las para pensar de maneiras que não podem ser imitadas por redes neurais artificiais.

Até agora, manter-se à frente da tecnologia significava elevar os níveis de educação. A capacidade de ler um manual antigamente te qualificava para operar um tear mecânico; um diploma do ensino médio era toda a formação necessária para uma vida inteira no chão de fábrica. Um diploma universitário já foi suficiente para colocá-lo atrás da mesa da gerência, enquanto um mestrado em administração de empresas ou direito abria as portas para a sala de reuniões e o escritório de canto[**]. Observe os perfis do LinkedIn de profissionais de tecnologia bem-sucedidos hoje em dia e você frequentemente descobrirá que eles têm mestrado em tecnologia da informação ou gerenciamento de projetos. No entanto, como a IA continua a aprender e a melhorar, precisaremos de mais do que simplesmente maior volume de educação (instrução) para acompanhar o ritmo.

** N.E.: A expressão *corner office*, do original, se refere aos espaços normalmente destinados aos escritórios dos ocupantes dos cargos mais altos na hierarquia de uma organização.

Também não precisaremos apenas de educação sobre o conteúdo que atualmente desperta o interesse dos empregadores. Um dos principais objetivos do ensino superior sempre foi transmitir conteúdo, mas a IA está subvertendo a utilidade de simplesmente saber coisas. A informação é instantânea, onipresente e gratuita. Pode-se dizer que os grandes modelos de linguagem da IA usam dados para aprender ao longo de suas "vidas", portanto precisamos de uma educação que ensine as pessoas a aprender ao longo das suas também.

Devemos nos perguntar: O que estamos educando os seres humanos para fazer? O que nós, como espécie, somos singularmente bons em fazer? Comparados a outros animais, temos cérebros enormes que nos tornam hábeis com itens que variam de alavancas e polias a teclados de computador. Mas, ao contrário de eras passadas, não estamos mais nos comparando com outros animais. Robôs e máquinas avançadas em breve superarão nossas forças evolutivas mais óbvias, superando-nos em cognição, precisão e poder. Ao mesmo tempo, porém, os seres humanos evoluíram como animais supremamente sociais. Para sobreviver, nossos descendentes precisaram dos laços sociais da família e da tribo e da marca do conhecimento adquirido – em outras palavras, da educação. A flexibilidade mental – a capacidade de capturar um antílope, andar de bicicleta ou analisar o clima de uma sala de reuniões tensa – é talvez a maior tática de sobrevivência da nossa espécie. Desde muito cedo, podemos aprender quase tudo e nos adaptar a qualquer circunstância cultural.

Outro resultado da nossa sociabilidade é o que o historiador Yuval Noah Harari, encarnando Lewis Carroll, chama de "a capacidade de acreditar em seis coisas impossíveis antes do café da manhã".[35] Podemos inventar, comunicar e aceitar ficções sociais e conceitos abstratos (como dinheiro) que nos unem e nos permitem trabalhar juntos em grande número, excedendo em muito as capacidades sociais de outros animais. Essas ficções podem ser mitos, religiões ou ideologias, podem ser ideias como direitos humanos, economia de mercado ou identidades nacionais. O poder único dessas ficções é que elas nos permitem cooperar em escalas muito maiores – ao ponto da abstração – em comparação com nossos grupos genéticos ou comunidades físicas.[36]

Em outras palavras, evoluímos para imaginar. Evoluímos para ser criativos e generativos. Outros animais aplicam a inteligência à resolução de problemas: os corvos criam ferramentas para arrancar insetos da madeira e as lontras-marinhas empunham pedras para quebrar conchas. Até agora, porém, apenas os seres humanos foram capazes de criar histórias imaginárias, inventar obras de arte e construir teorias cuidadosamente fundamentadas que explicam a realidade percebida. Somente os seres humanos olham para a lua e veem uma deusa, ou pisam nela e dizem que estamos dando um salto por toda a humanidade. A criatividade aliada à flexibilidade mental nos tornou únicos – e a espécie mais bem-sucedida do planeta.[37]

Será que a criatividade continuará a nos distinguir – especialmente como atores econômicos individuais – em um mundo de IA generativa? Muitos analistas preveem que, nas próximas décadas, essas tecnologias aprimorarão o trabalho realizado pelas profissões criativas, STEM[***] e de negócios, em vez de substituir empregos completamente.[38] Seja qual for a área, teremos que trabalhar criativamente ao lado de nossos ajudantes de IA. É por isso que nossa educação deve nos ensinar a fazer isso de maneira eficiente.

Como se deu ao longo de sua história, o ensino superior tem um papel importante a desempenhar na preparação de pessoas para vidas ativas e engajadas na sociedade. Como antes, no entanto, deve refletir as demandas da sociedade. Cada vez mais, esta exigirá graduados que possam aproveitar o poder da IA para seu empreendedorismo e sua criatividade humana. As universidades já contam com um sistema extremamente refinado para ensinar essa forma de pensar. Como vimos, há muitas décadas as faculdades e universidades funcionam como *loci* para a criatividade. Por gerações, suas pesquisas impulsionaram o progresso social e econômico, criando conhecimento e traduzindo-o em soluções reais. É algo que as instituições de ensino superior fazem extremamente bem. Assim, elas estão idealmente posicionadas para transferir os princípios criativos de sua missão de pesquisa para sua missão educacional, empregando-os para ajudar os alunos a desenvolver a capacidade mental de criar novos conhecimentos.

*** N.E.: STEM é um acrônimo em inglês para *Science, Technology, Engineering, and Mathematics* (Ciência, Tecnologia, Engenharia e Matemática).

Para superar os desafios econômicos e sociais trazidos pela IA, o ensino superior deve continuar a acompanhar as mudanças. Não podemos educar os alunos da maneira como fizemos nas primeiras décadas do século XXI. Mas, se nosso objetivo é educar as pessoas da próxima geração para aplicar seus pontos fortes humanos inerentes ao trabalho na economia da IA, as universidades terão que atualizar seus próprios conjuntos de habilidades. Para educar alunos e colaboradores atuais para os empregos do futuro, as universidades terão que se adaptar.

A natureza exata dessa adaptação depende em grande parte da natureza exata dos empregos do futuro. E, como mostra o próximo capítulo, para descobrir o que pode ser, precisamos observar o ambiente de trabalho em transformação.

2

Inteligência em funcionamento

Assim como os seres humanos, os pardais domésticos são animais sociais. Eles se empoleiram em comunidade, fazem vocalizações em grupo e são gregários ao se alimentar, frequentemente se reunindo nas proximidades de restaurantes. Eles também mostram uma quantidade significativa de diferenças individuais em suas personalidades. Por exemplo, em um estudo sobre o comportamento dos pardais domésticos, cientistas descobriram que colocar objetos desconhecidos em um prato de comida provocava reações variadas.[1] Quando confrontados com um ovo de plástico verde ou uma luz piscando perto do prato, metade dos pardais se esquivou. Os outros se mostraram mais intrépidos, voando em direção à refeição sem hesitar.

Ao examinar os cérebros das aves, os cientistas descobriram que os pardais destemidos ostentavam mais transcrições do receptor de dopamina 2, enquanto os covardes tinham um número maior de transcrições para o gene do receptor de estrogênio beta. Acontece que a neofobia – o medo de coisas novas, de mudanças e do desconhecido – tem a ver, pelo menos em certa medida, com as particularidades do hipocampo.

O cérebro humano, assim como o do pardal, também pode abrigar neofobia. De acordo com a Associação Americana de Psicologia, a maioria dos adultos norte-americanos acredita que o futuro é sombrio. Em uma pesquisa de 2022, 62% discordaram da afirmação "Nossos filhos herdarão um mundo melhor do que nós herdamos".[2] O Pew Research Center também relata um desânimo nos últimos anos, com apenas 12% dos norte-americanos expressando "bastante" confiança no futuro, uma queda de 6% em relação a 2020.[3]

É claro que a ansiedade em massa não é totalmente genética. Televisão a cabo, programas de rádio e mídias digitais e sociais podem induzir uma série de transtornos, incluindo o medo do novo e o pessimismo em relação ao futuro. Ao mesmo tempo, o medo da mudança econômica se baseia em verdades bem razoáveis e materiais. Em muitas partes do mundo, a desigualdade econômica é uma das características que definem a vida contemporânea. Enquanto em gerações passadas as famílias de classe média constituíam a maioria nos Estados Unidos, seus membros agora são superados em número pelos membros das famílias de baixa e alta renda combinadas. Isso tornou a economia cada vez mais complexa, com a porcentagem de adultos considerados de "renda média" caindo para 50%, ante 61% em 1971.[4] E, embora a riqueza no topo tenha aumentado, mais pessoas caíram para a base, com a proporção de adultos em famílias de baixa renda subindo de 25 para 29%. A bifurcação em extremos de riqueza e pobreza levou o clima econômico e social a um ponto crítico.

Os fatores que contribuem para esse estado de coisas são bem conhecidos. A globalização, a automação, o declínio dos sindicatos, a grande recessão (nos Estados Unidos) e a pandemia deixaram suas marcas na condição atual das sociedades e economias. Nos Estados Unidos, as desigualdades impostas por essas forças têm sido frequentemente suportadas de forma desproporcional por grupos minoritários desfavorecidos. Quando a pandemia de Covid-19 acelerou o impulso para a automação, por exemplo, os trabalhadores pretos e latinos foram os que mais sofreram.[5] Qualquer tentativa séria de remediar nossa crescente desigualdade terá que remediar simultaneamente nossa falta de inclusão econômica.

O desafio não é pequeno. De acordo com o Pew Center, as famílias de renda média hoje são aquelas que, após o ajuste por tamanho, auferem uma renda que fica entre dois terços e o dobro da mediana dos Estados Unidos. Em 2021, isso significava que uma família de três pessoas teria que receber entre US$ 52.000 e US$ 156.000 anualmente.[6] A economia manufatureira, que antes fornecia muitos dos empregos nessa faixa de renda, há muito tempo desapareceu, assim como os Pontiacs e Oldsmobiles. Em seu lugar, assistimos a uma mudança massiva para a economia de serviços, frequentemente na forma de empregos com salários mais baixos e menos benefícios do que no passado. Com muita frequência, se você trabalha no setor de serviços, tem um salário abaixo da média.

Considere que, na lista das 20 profissões que mais crescem elaborada pelo Departamento de Estatísticas do Trabalho dos Estados Unidos, apenas metade tem um salário mediano que se enquadraria na definição de "renda média".[7] Entre elas, há uma representação saudável de carreiras com orientação técnica, como cientista de dados, analista de segurança da informação, *web designer* e analista de estatística. Mas a maioria das profissões em expansão, incluindo as posições de cozinheiros de restaurantes e instaladores de energia solar fotovoltaica, que estão em alta, ganham salários que não chegam a colocar seus membros na faixa de renda média.

O curso universitário era considerado uma passagem para essa faixa, pois um diploma fazia a diferença entre um emprego de renda média e um de renda mais baixa. Essa tendência se manteve estável desde o início da economia global. No entanto, desenvolvimentos recentes, incluindo o mercado de trabalho superaquecido pós-pandemia, indicam uma mudança. Grandes empregadores, como a Delta e a General Motors, assim como as gigantes da tecnologia Apple e Google, anunciaram que estão eliminando a exigência de diploma de bacharel para muitos cargos.[8] Maryland, Pensilvânia e Utah não exigem mais diploma para a maioria dos cargos no governo estadual, enquanto as contratações federais parecem estar se voltando para a ênfase em habilidades em vez de títulos. Mesmo assim, poucos contestam que os empregos do futuro exigem pelo menos algum nível de aprendizado pós-secundário – um relatório do estado de Washington constatou que 70% dos empregos disponíveis entre 2024 e 2029 exigiriam educação além do ensino médio.[9]

Adicionalmente, a vantagem salarial da faculdade se manteve. Um diploma oferece um dividendo imediato de 25% dentro de um ano após a formatura, e, mesmo em cargos com diploma opcional, fornece um bônus salarial de 15%.[10] Talvez ainda mais valioso, um diploma impulsiona a mobilidade na carreira, facilitando a recuperação após períodos de subemprego ou a conquista de um emprego melhor no futuro.

Em termos simples, para obter e manter uma posição na classe média – sem falar na ascensão aos escalões superiores da economia –, a educação continua sendo um dos degraus disponíveis mais seguros. No entanto, à medida que a IA generativa se consolidar no ambiente de trabalho, a correlação entre educação e valor nesse mercado mudará. A economia do conhecimento já sentiu o impacto das ferramentas que realizam trabalho intelectual, e mesmo os empregos de colarinho-branco não são seguros. Em maio de 2023, a "empresa de recolocação e *coaching* empresarial e executivo" Challenger, Gray & Christmas divulgou seu relatório periódico sobre demissões nos Estados Unidos. Pela primeira vez, a companhia tabulou as perdas de empregos nacionais para a IA, contabilizando 3.900 no acumulado do ano.[11]

Uma vez que a IA está mudando a natureza do trabalho, a questão crucial é: que tipo de habilidade é necessário para que as pessoas obtenham um emprego bem remunerado? Considerando que parte integrante da missão do ensino superior é a criação de força de trabalho, os empregadores pagarão os seres humanos para fazerem o quê? As primeiras evidências sugerem que os funcionários precisarão de níveis de habilidades ainda mais elevados do que antes do advento da IA generativa. De acordo com um estudo citado pelo Conselho de Comércio e Tecnologia EUA-UE, 41% das empresas que adotaram a IA em suas operações aumentaram a demanda por habilidades dos funcionários. Quase nenhuma delas relatou redução na demanda.[12]

De fato, no geral, as pessoas concordam que a chegada da IA ao local de trabalho exigirá que os funcionários se aprimorem ou se requalifiquem. Em uma pesquisa de 2023 com 54 mil trabalhadores em 46 países e territórios, quase seis em cada dez acreditavam que as habilidades exigidas em seus empregos mudariam significativamente nos próximos cinco anos.[13] No entanto, surgiu uma diferença nas opiniões sobre quais serão essas habilidades. A grande maioria dos funcionários que relataram ter recebido treinamento especializado – aqueles com maior escolaridade e a mais alta opinião sobre seu próprio valor – acreditava que as chamadas habilidades interpessoais, como adaptabilidade, pensamento crítico, colaboração e liderança, seriam importantes em suas futuras carreiras.[14] Apenas cerca de metade dos funcionários que relataram não ter recebido treinamento especializado concordou. Há claramente uma falta de certeza sobre o assunto.

Obviamente, diferentes empregos exigem habilidades diferentes, e as especializações das pessoas as direcionam para uma variedade de carreiras e faixas de renda. Um estudo do Burning Glass Institute tentou avaliar o valor monetário relativo de habilidades específicas para graduados universitários por área de estudo.[15] Analisando tanto habilidades amplas e fundamentais (como "liderança" e "previsão") como habilidades especializadas (como "contabilidade pública" e "pesquisa de mercado"), a pesquisa tentou identificar as habilidades de maior remuneração para diferentes áreas de estudo e a vantagem salarial exata que elas representavam. Assim, por exemplo, 30% dos anúncios de emprego destinados a graduados em ciências humanas buscavam candidatos que se destacassem em "planejamento estratégico", mas os maiores salários eram destinados àqueles que eram capazes de atuar com "gestão de produtos". Mais significativamente, o estudo determinou que, com muita frequência, as habilidades básicas geravam os maiores retornos, independentemente do tipo de diploma. Por exemplo, entre os estudantes de engenharia, "influência", "consultoria" e "negociação" eram atributos mais valiosos do que "DevOps", uma metodologia voltada ao desenvolvimento de *software* e operações de TI.

Mesmo assim, a ampla implantação de IA nas empresas está elevando o valor das habilidades tecnológicas. Parece tão certo quanto a lei da seleção natural: se as pessoas forem versadas nas áreas mais desejáveis da ciência da computação ou engenharia, encontrarão as portas do mercado de trabalho abertas e acolhedoras – pelo menos por enquanto. Há alguns anos, a sabedoria popular afirmava que, já que o *software* está engolindo o mundo, precisamos de desenvolvedores de *software*. No entanto, ficou menos claro do que precisaremos depois que o *software* terminou de comer e se acomodou para fazer a digestão. O que acontece agora que a IA está aprendendo a se programar?

Carl Benedikt Frey, diretor de futuro do trabalho na Universidade de Oxford e coautor de um estudo sobre o deslocamento de mão de obra humana provocado pela IA, disse recentemente à BBC: "Acredito que os trabalhadores que não lidam com IA verão suas habilidades se tornarem obsoletas muito rapidamente. Portanto, é fundamental trabalhar com IA para permanecer empregado, produtivo e ter habilidades atualizadas".[16] Como, então, podemos atuar melhor em "consultoria" ou "negociação" quando estamos equipados com o *chatbot* mais recente?

Trabalhando com IA

Os negócios bancários atuais são compostos, em grande parte, não de tabelas contábeis, mas de modelos digitais complexos. De acordo com David Julian, vice-presidente executivo do Wells Fargo, um dos maiores bancos de varejo dos Estados Unidos, "Temos modelos enormes com implicações enormes na maneira como gerenciamos nossos negócios. Temos milhões de empréstimos, e algum sistema precisa calcular os juros".[17] Em um nível mais sofisticado, ele acrescenta, um modelo computacional poderia prever perdas no mercado imobiliário em dez anos, contabilizando e analisando quantidades de dados incompreensíveis para a mente humana.

Em ritmo cada vez maior, os bancos estão incorporando a IA generativa a suas funções de negócios, desde *marketing* e vendas até operações com clientes e o departamento jurídico, gerando um valor potencial de até US$ 340 bilhões anualmente e representando quase 5% da receita total do setor.[18] Agora, todo negócio faz parte do setor de TI, e os funcionários de bancos estão mais propensos a serem engenheiros e cientistas de dados do que atendentes no guichê. Entre suas tarefas estão a construção e o teste de modelos computacionais complexos. "Podemos testar facilmente os dados que são inseridos em um sistema", diz Julian. "Podemos testar os dados que recebemos. Mas é difícil testar essa caixa-preta. E há muito mais dependência dela. Tive que contratar muito mais pessoas com habilidades básicas que soubessem como abrir a caixa para ver se ela estava fazendo o que deveria."

Essas habilidades básicas são semelhantes às que podem aparecer no currículo de um funcionário do Vale do Silício. "Eles são formados tanto em matemática como em tecnologia", diz Julian sobre seus novos colaboradores. "É preciso contar com pessoas que possam construir os modelos, só que, mais importantes, são os formados em matemática que conseguem descobrir a correlação. Os *geeks* são os grandes protagonistas nas instituições financeiras."

De fato, de acordo com o relatório "O Futuro dos Empregos" de 2023 do Fórum Econômico Mundial, mais de 70% das organizações de serviços financeiros afirmam que, nos quatro anos seguintes, as "habilidades tecnológicas" serão de crescente importância para seus funcionários.[19] Em organizações globais, a posição de "especialista em IA e aprendizado de máquina" é a que terá a maior porcentagem de novos empregos criados na próxima meia década.

Essas funções também são muito valorizadas no setor de serviços jurídicos, que tem adotado a IA generativa com entusiasmo. Em uma pesquisa, 80% dos profissionais do direito concordaram que a tecnologia está criando "eficiências transformadoras" para pesquisas e tarefas rotineiras.[20] Scott Semel, advogado e executivo de tecnologia, afirma que anos atrás os escritórios de advocacia dos Estados Unidos terceirizavam grande parte do trabalho braçal da profissão jurídica – pesquisa, checagem de fatos, cruzamento de citações e assuntos similares – para países como a Índia, que tem uma forte tradição em treinamento jurídico profissional. A terceirização deu lugar à automação completa por meio da inteligência artificial. Semel observa que advogados especializados em contratos passaram a usar IA para verificar, por exemplo, a precisão de pesquisas sobre a receita de uma empresa envolvida em uma aquisição. "Você pode sinalizar coisas usando IA que simplesmente não conseguiria fazer sem um exército de associados", diz ele, e a IA faz um trabalho melhor: "O tipo de trabalho jurídico que exige menos qualificação; esses caras deveriam se preocupar".[21]

Embora os advogados tenham repassado grande parte das providências demandadas a *software* e IA, eles ainda exigem habilidades linguísticas, capacidade analítica e um profundo conhecimento da lei que fundamenta tudo isso. De acordo com Joe Basile, sócio do escritório de advocacia Foley Hoag, "Um advogado que não fizesse as conexões certas faria um trabalho parcial. Eles atuariam bem em vários casos, mas potencialmente ignorariam algo relevante". Os advogados de hoje ainda são obrigados a compreender os princípios jurídicos, a estabelecer analogias, a fazer conexões analíticas e a fornecer aconselhamento. Em outras palavras, eles precisam exercitar o bom senso.

E a IA generativa não é um substituto à altura. Em 2023, o advogado Steven A. Schwartz causou um escândalo global ao usar o ChatGPT para fazer uma pesquisa sobre o processo de lesão corporal movido por um cliente contra uma companhia aérea, para no fim o *chatbot* fabricar vários precedentes judiciais. David Shin, diretor assistente de pesquisa do Centro de Tecnologia Jurídica e Judicial da Faculdade de Direito William & Mary, chamou o episódio embaraçoso de "o primeiro caso documentado de potencial má conduta profissional por um advogado usando IA generativa".[22]

Semel e Basile acreditam que um efeito do surgimento da IA no campo jurídico será a valorização da consultoria prestada por advogados experientes. "Os escritórios que cultivam essa capacidade de fazer análises lastreadas na habilidade técnica e de oferecer consultoria de alto nível são altamente valorizados", diz Semel. No entanto, onde isso deixa os advogados iniciantes – e os altos salários que muitos normalmente recebem – é uma questão em aberto.

"Os escritórios de advocacia ainda podem ter muitos associados", diz Semel. "A questão é: quanto eles vão ganhar? Talvez eles não ganhem US$ 160.000 ou algo assim para trabalhar em um escritório. Foi o que aconteceu na medicina." Como em todos os temas que envolvem a economia, é questão de oferta e demanda. Os serviços jurídicos de rotina tornaram-se mais baratos porque a automação aumentou a oferta de mão de obra. Por outro lado, a assessoria jurídica de alto nível oferecida por profissionais experientes ainda cobra honorários robustos. Assim, até que se possa confiar na IA generativa para oferecer aconselhamento sensato, os serviços jurídicos de nível superior continuarão tendo demanda – e aqueles que os fornecem encontrarão trabalho lucrativo.

Os profissionais de *marketing* há muito tempo utilizam o poder do *big data* e da IA para maximizar as visualizações de páginas e alcançar mais pessoas. "A indústria da mídia é administrada por robôs", diz Grant Theron, vice-presidente executivo de produção global e parcerias da gigante de publicidade e *marketing* Young & Rubicam. "Ela funciona com computadores, algoritmos e segmentação."[23] William Manfredi, vice-presidente executivo de gestão global de talentos da mesma companhia, concorda que o *marketing* hoje se transformou essencialmente em um processo de análise de dados: "Trata-se de como você interpreta os dados para entender o comportamento das pessoas. Qual é a percepção? Qual é o 'criativo' em torno disso e quais são os canais?".[24]

Esses canais agora são automatizados. À medida que a IA generativa se aprimora, o trabalho necessário para traduzir uma ideia criativa em um produto na tela diminuirá, talvez até desaparecer. E as pessoas estão bem cientes das implicações. Em maio de 2023, a Associação de Escritores da América (Writer's Guild of America) entrou em greve para exigir um contrato que regulasse explicitamente o uso de IA em seu segmento, proibindo a tecnologia de escrever ou reescrever "material literário", gerar material de base ou treinar em obras criadas por membros do sindicato.[25] Dois meses depois, a Associação de Atores de TV e Cinema – Federação Americana de Artistas de TV e Rádio (Screen Actors Guild – American Federation of Television and Radio Artists, a SAG-AFTRA) juntou-se a eles na mobilização, com sua presidente, Fran Drescher, declarando que "a inteligência artificial representa uma ameaça existencial às profissões criativas, e todos os atores e artistas merecem uma linguagem contratual que os proteja de ter sua identidade e talento explorados sem consentimento e remuneração".[26]

É improvável que greves impeçam a IA de produzir cada vez mais o conteúdo de *marketing* e entretenimento que consumimos em nossas telas. A questão é como podemos utilizar melhor essas ferramentas para maximizar nossas capacidades humanas.

Trabalhando com sistemas

Quando era vice-presidente da organização global de serviços da GE Transportation, Pete McCabe supervisionava a área de serviços de uma filial da multinacional que constrói, implanta e gerencia máquinas pesadas de transporte – enormes locomotivas ferroviárias e similares. Grande parte do campo de atuação de McCabe era em *softwares* complexos. Por exemplo, sua organização gerencia o fluxo de tráfego em trechos de 1.288 quilômetros de ferrovias de via única, determinando quando desviar os trens para otimizar os tempos de entrega. Segundo McCabe, "Temos alguns algoritmos muito, muito sofisticados para gerar uma mudança de até 10% na velocidade e melhorias nos cronogramas e entregas pontuais. A diferença de uma milha por hora para uma pequena ferrovia vale US$ 200 milhões. Para uma grande ferrovia, é de US$ 400 a US$ 500 milhões".[27]

Nas últimas décadas, empresas industriais como a GE têm cada vez mais transferido suas estratégias de negócios do *hardware* para o *software*. Em vez de apostar suas fortunas apenas na venda de trens gigantes, motores a jato ou turbinas industriais, elas também geram receita monitorando-os, diagnosticando-os e otimizando seu desempenho. McCabe cita o exemplo de um tomógrafo computadorizado de hospital. No passado, ele diz, "você tinha uma cadeia de suprimentos sofisticada e, então, tinha pessoas sofisticadas que conseguiam solucionar problemas. Quando um equipamento quebrava, você enviava alguém. Eles o analisavam, substituíam uma peça e colocavam a máquina para funcionar de novo".

Isso foi antes do surgimento do *software* de diagnóstico. Hoje a GE opera "o que parece um centro de controle da Nasa", diz McCabe. "Você tem uma sala em Waukesha, Wisconsin", na qual técnicos monitoram a máquina constantemente, observando sua "assinatura harmônica" em relação ao padrão histórico para detectar quaisquer desvios. Se ocorrer um desvio, os algoritmos vão compará-lo com outras variáveis para determinar se o desvio é anormal. Então, eles podem ajustar proativamente as configurações do *software* para tentar corrigir o problema antes que a máquina quebre. "Na melhor das hipóteses, eliminamos todo o tempo de inatividade não programado", diz McCabe. Em outras palavras, a GE obtém uma parcela cada vez maior de sua receita não com a venda ou substituição de produtos, mas com o monitoramento.

A mudança de ênfase do *hardware* para o *software* reduziu custos, melhorou a eficiência e revolucionou as habilidades necessárias aos funcionários. No passado, diz McCabe, "99% da sua força de trabalho recebia treinamento mecânico – uma formação do tipo escola profissionalizante em eletrônica, mecânica ou climatização. Pessoas que podiam sair a campo, diagnosticar e consertar essas peças". Em contraste, a maioria do quadro hoje é formada por engenheiros, cientistas de dados e programadores de *software*.

No entanto, acrescenta McCabe, as habilidades necessárias para seus especialistas em *software* não começam e terminam com a fluência em Python. O treinamento específico para cada domínio – mesmo em áreas de alta demanda, como ciência de dados – não é suficiente. Ele observa que "os problemas que vão mudar fundamentalmente os resultados, seja na produtividade, na saúde ou em qualquer outro lugar, serão problemas sistêmicos. São os pontos de interconexão de todos os problemas discretos dentro de uma função. Nós os otimizamos ao máximo, e sempre há mais espaço, mas o valor exponencial é entregue quando você começa a ligar os pontos".

O pensamento sistêmico é uma qualidade necessária em qualquer operação complexa. Veja o exemplo da construção de um motor de avião. De acordo com Andrea Cox, da divisão de qualidade e conformidade de engenharia da GE Aviation, um motor contém entre 5 mil e 10 mil peças individuais, e um engenheiro pode ser responsável por qualquer quantidade dessas peças "entre cinco e cem".[28] No passado, bastava que um engenheiro de materiais entendesse as características dos materiais das peças, um engenheiro de manufatura entendesse como as peças são feitas e um engenheiro mecânico entendesse como elas funcionam. Apenas o engenheiro de projeto precisava entender como uma peça individual opera em seu próprio projeto, como ela se encaixa no projeto do módulo, como o módulo se encaixa no motor e como o motor se encaixa no avião. Da mesma forma, o vice-presidente de engenharia teria que entender como todos os motores atenderam às expectativas do cliente, como se encaixaram na estratégia da empresa e como configuraram a próxima geração de vendas.

Quando a era digital abriu as comportas para vastos novos oceanos de dados, tornou-se possível acumular quantidades cada vez maiores de informações sobre sistemas como motores de avião. Usando os dados que esses motores coletam sobre si mesmos, os engenheiros preveem a operação futura de uma peça específica com muito mais precisão, considerando os detalhes de sua situação – por exemplo, se ela está sendo operada no contexto de um clima quente e arenoso ou em um clima frio e úmido. "Em vez de dizer que o motor tem uma vida útil de três mil horas", diz Cox, "podemos dizer que com a operadora A você provavelmente pode operá-lo por quatro mil horas, mas com a operadora B você precisa desligá-lo com duas mil e quinhentas horas". Ao pensar no contexto de vida de um sistema, os engenheiros podem ser preditivos em vez de reativos. Eles podem aproveitar os dados disponíveis para obter melhores resultados do sistema enquanto ele opera no mundo.

"A expectativa", diz Cox, "é olhar para essa parte como um todo – como ela vai acabar, onde e como o cliente vai se sentir. Como posso usar esses dados para tornar o mundo do meu cliente melhor com o *hardware*?" Esse tipo de pensamento sistêmico é valorizado por todos os tipos de empresas. De fato, é o que todas as empresas buscam em seus gestores. Quase 60% das organizações globais citam o pensamento sistêmico como uma habilidade que está se tornando cada vez mais importante para seus colaboradores.[29]

Trabalhando com humanos

Ainda que a IA esteja ajudando empresas a produzir bens com níveis cada vez mais altos de eficiência e complexidade de sistemas, ela não é perfeita – e, de fato, pode estar sujeita a erros e coisas piores. Às vezes se ignora que, apesar de sua eloquência geralmente impressionante, os resultados da IA generativa rapidamente se transformam em mediocridade e falsidade quando ela não conta com a assistência humana. A necessidade de ter "humanos no circuito" é a vergonha silenciosa da tecnologia. "Há muita intervenção humana nas operações dessas coisas continuamente, assim como no caso da barra de pesquisa do Google", diz Usama Fayyad, diretor do Instituto de IA Experiencial da Northeastern University. No caso do ChatGPT, às vezes as consultas são respondidas por humanos. Se o algoritmo percebe – e isso é admirável – que está com problemas e que precisa de ajuda, um humano intervém e começa a responder. É um modo de intervenção que se transforma em dados de treinamento, e a máquina se aprimora.[30]

Fayyad observa que os seres humanos também são necessários para a curadoria de dados. "Quando alimenta [o sistema] com todos os dados da internet, você recebe muito discurso de ódio. Você recebe muitas informações falsas." Os seres humanos são necessários para avaliar o que conta como dados de treinamento confiáveis – por exemplo, periódicos acadêmicos de qualidade ou páginas da Wikipédia. "A arte está em limitar os dados e equilibrá-los", diz Fayyad. "Se você o alimentar com dois artigos e um disser: 'Nessas circunstâncias, o resultado deve ser A', e o outro disser: 'Nas mesmas circunstâncias, o resultado deve ser B', o algoritmo não terá compreensão, raciocínio ou conhecimento (contextual). A escolha dele será aleatória ou o que for mais comum. É assim que ele é enganado pelas *fake news.*"

Avaliar os resultados da IA, corrigir suas invenções e desvios e selecionar seus dados são tarefas que não podemos terceirizar para outros sistemas de IA.

Necessitamos de especialistas humanos para executá-las. E esses seres humanos precisarão se relacionar, se comunicar e cooperar, e, por outro lado, formar equipes eficazes e adaptáveis. Habilidades relacionais são essenciais para todas as situações de trabalho – mesmo que trabalhemos sozinhos, ainda precisamos ter sucesso em nossos relacionamentos profissionais. Solicitar que o ChatGPT redija um *e-mail* amigável para um cliente pode economizar tempo, mas a IA não saberá o que o cliente disse na chamada do Zoom na sexta-feira passada. Independentemente da tecnologia, sempre precisaremos saber como trabalhar – e nos divertir – bem com os outros.

A socialização é, obviamente, um dos principais objetivos da educação infantil, e é por isso que a experiência de isolamento e distanciamento social durante a pandemia de Covid-19 deixou cicatrizes profundas em tantos jovens.[31] A geração Zoom também é obrigada a lidar com os efeitos das mídias sociais e digitais, que estão associadas a uma gama infernal de problemas de saúde e comportamentais, incluindo transtorno de ansiedade social.[32]

Quem emprega já está bem ciente da importância de seus funcionários saberem lidar com outras pessoas. Nas habilidades consideradas "essenciais" para suas forças de trabalho, organizações globais classificam "empatia e escuta ativa" e "liderança e influência social" como a oitava e a nona mais desejáveis, logo após "confiabilidade e atenção aos detalhes".[33] A maioria das organizações afirma que ambas as habilidades só aumentarão em importância no futuro. Seja qual for o setor – finanças, direito, manufatura, mídia ou qualquer outro –, os colaboradores precisarão de capacidades cognitivas que os tornem aptos a trabalhar de maneira criativa e colaborativa entre si, e também com a IA. Essas capacidades são mentalidades, e não conjuntos de conhecimento – arquitetura mental, e não mobiliário mental. Embora as pessoas ainda precisem de conhecimentos específicos para serem eficazes no ambiente profissional, a IA fará grande parte do trabalho pesado quando se trata do mero conhecimento. Para se destacar nesse ambiente, os funcionários de amanhã terão que demonstrar os comportamentos que compõem um trabalho em equipe eficaz. Líderes eficazes, por sua vez, terão que mostrar que podem definir metas claras e mensuráveis, criar uma cultura respeitosa e solidária e se comunicar com consideração e honestidade. Isso porque, embora a IA possa imitar as palavras certas, ela não consegue compreender os sutis contextos humanos em que as pronunciamos, nem o propósito de sua expressão.

Inteligência humana para o ambiente de trabalho com IA

Observamos que setores como o jurídico estão respondendo à IA com uma demanda crescente por pensamento crítico sofisticado. Mesmo a indústria mais técnica, a de manufatura pesada, depende da contratação de bons pensadores sistêmicos – pessoas que conseguem compreender e agir com base em uma perspectiva ampla. No ambiente de trabalho, o pensamento social e situacional sempre será essencial. Uma capacidade aprimorada de pensamento crítico, sistêmico, social e situacional é, portanto, inestimável. Podemos chamar a soma desses fatores de "letramento humano".

A definição de pensamento crítico é, em certa medida, fluido, mas, para os propósitos deste livro, podemos dizer que envolve analisar ideias de maneira habilidosa e, em seguida, aplicá-las de modo a oferecer *insights*, nuances ou significados mais profundos. Para fazer isso bem, uma pessoa precisa ser capaz de observar, refletir, sintetizar e imaginar conceitos e informações, e comunicar os resultados do processo. Em suma, o pensamento crítico é o produto final desejado de grande parte do que fazemos na educação.

A IA está se aprimorando em muitos dos elementos que se enquadram no conceito de pensamento crítico, incluindo observação e comunicação. Mas ela não os aperfeiçoou. Assim, quando um advogado descobre como posicionar um cliente para uma vitória judicial ou quando um produtor musical seleciona qual faixa de baixo fará seu novo *single* viralizar, eles estão empregando capacidades cognitivas humanas. O pensamento crítico, portanto, permanecerá um pilar fundamental do trabalho humano.

Dada sua complexidade, a conceituação de sistemas pode parecer uma tarefa para a qual as mentes digitais são mais adequadas do que as humanas, e nós, de fato, dependemos de computadores para entender redes complexas. Mas os computadores não conseguem decidir o que fazer com essas informações. Da mesma forma, o pensamento sistêmico envolve enxergar através de áreas que as máquinas podem ser capazes de compreender individualmente, mas que não conseguem analisar de maneira integrada. O pensamento sistêmico forma conexões originais que escapariam a um modelo preditivo de linguagem ampla.

Um sistema de IA é capaz de modelar as mudanças climáticas, mas são necessários seres humanos para elaborar e implementar políticas para contê-las. Da mesma forma, no caso de um descarrilamento causado por vento forte, a IA pode ajudar uma equipe de engenheiros a prever quando isso provavelmente ocorrerá, mas não é capaz de reunir os diferentes talentos necessários para o projeto, norteá-los, interpretar as ramificações mais amplas das descobertas e decidir como implementar a mudança de modo eficaz. De fato, a IA não teria tido a ideia do projeto em primeiro lugar. Somente seres humanos demonstram essa capacidade de agir.

Além disso, somente os seres humanos têm a compreensão social e situacional para desenrolar o que Shakespeare chamou de fio entrelaçado dessa teia da vida, onde o bem e o mal se encontram. Nenhum local de trabalho, por mais regimentado que seja, existe em pureza digital. Cada um é turvo pelos relacionamentos, humores, desejos, políticas e loucuras em constante mudança de seus habitantes. E, apesar das suspeitas de alguns filósofos e bilionários de que o universo é uma simulação, ele não é um conjunto de dados. Não podemos inseri-los nem mesmo no modelo de IA mais sofisticado. Não existe um modelo de linguagem abrangente capaz de atuar no mundo com a mesma agência e compreensão de um pardal, muito menos de um ser humano. Mesmo assim, a IA está transformando o confuso ambiente de trabalho humano tão rapidamente que quase metade dos norte-americanos teme que ela os expulse de seus empregos.[34]

Quaisquer que sejam as particularidades do hipocampo de alguém, seja ele repleto de receptores de dopamina ou de genes ansiosos, nosso conforto com a mudança não é sua única função. O hipocampo também regula a aprendizagem. Seria bom prestarmos atenção a um conceito científico chamado alostase, "estabilidade por meio da mudança".[35] Ele postula que sistemas saudáveis sujeitos a mudanças não necessariamente se estabilizam de volta ao seu estado original. Em vez disso, podem se estabilizar em um estado completamente diferente. Em outras palavras, a maneira de alcançar a estabilidade no processo de mudança é mudando a si mesmo.

O ensino superior precisa levar a lição da alostase a sério. As universidades terão que desenvolver métodos para nutrir as capacidades cognitivas singularmente humanas nos alunos se quiserem manter seu antigo pacto social e equipar os graduados para vidas plenas e produtivas, ao mesmo tempo que criam a força de trabalho para as indústrias do futuro. Para cultivar a inteligência humana, precisaremos pensar de maneira inteligente sobre como mudar o ensino superior.

3

Um modelo de aprendizagem para os dias de hoje

O uso moderno da palavra "automação" é, às vezes, atribuído ao vice-presidente da Ford Motors chamado Delmar Harder. Em meados do século XX, o trabalho nas fábricas de automóveis de Detroit era frequentemente cansativo, repetitivo e carregado com a ameaça que o aço calibre 22 representa para os apêndices corporais. Relatos dão conta de que Harder usou o termo pela primeira vez quando propôs a instalação de um número maior de máquinas de produção e manuseio de peças para reduzir os atrasos incessantes impostos pela desajeitada tarefa humana. A produtividade aumentaria e a carga de trabalho dos funcionários seria aliviada, trocando-se carne e osso frágeis por eficiência hidráulica, pneumática e eletromecânica. Quando falamos sobre automação no local de trabalho atual, no entanto, geralmente pensamos em mecanizar uma forma muito diferente de trabalho – o trabalho mental – e em substituir um conjunto muito diferente de habilidades.

De acordo com o *World Economic Forum's Future of Jobs Report 2023* (Relatório sobre o Futuro dos Empregos de 2023 do Fórum Econômico Mundial, em tradução livre), a principal "habilidade essencial" atualmente desejada por empregadores em todo o mundo é o "pensamento analítico".[1] Analisar problemas e encontrar soluções tornou-se um dos requisitos mais importantes em todas as áreas profissionais, desde a gerência até operações de nível médio e mão de obra fabril. Apesar da introdução de sistemas de inteligência artificial generativa no local de trabalho, os empregadores acreditam claramente que o pensamento analítico não pode ser reproduzido facilmente por máquinas. De fato, quase três quartos dos empregadores afirmam que sua importância no trabalho só faz aumentar.[2]

É improvável que a economia global atual perca o apetite por pensadores analíticos não automatizados – pelo menos imediatamente. Apesar de séculos de alertas sobre os perigos do "desemprego tecnológico" feitos por economistas e intelectuais que vão de David Ricardo e John Maynard Keynes a Albert Einstein e Stephen Hawking, o relatório *Future of Jobs* nos assegura que "o impacto da maioria das tecnologias nos empregos deverá ser positivo nos próximos cinco anos". Isso inclui o crescimento do emprego em "análise de *big data*, tecnologias de gestão ambiental e mudanças climáticas, além de criptografia e segurança cibernética".

De fato, a história mostra que esse aumento geral de empregos é esperado – mais máquinas quase sempre levaram ao crescimento e a mais trabalho em toda a economia. Embora as novas tecnologias tendam a ter um impacto negativo sobre o emprego no início, elas acabam produzindo os chamados "efeitos de compensação", substituindo o trabalho humano em certas tarefas, ao mesmo tempo que dão origem a novas indústrias e criam novas formas de emprego. Nas gerações passadas, vimos isso com a invenção de cargos que ninguém imaginava antes da era da internet, como especialistas em otimização de mecanismos de busca, *designers* de experiência do usuário e influenciadores digitais. De acordo com um estudo, 60% dos empregos nos Estados Unidos não existiam em 1940.[3] A questão que enfrentamos hoje é se os avanços mais recentes em IA confirmarão ou quebrarão esse paradigma.

As opiniões, é claro, divergem bastante. Por um lado, a IA generativa pode acelerar o fim previsto por autores contemporâneos como Martin Ford, Ryan Avent e Daniel Susskind, no qual a massa de empregos de colarinho-branco se torna vítima da automação.[4] Um estudo produzido pela OpenAI previu que, no curto prazo, 80% dos trabalhadores norte-americanos "poderiam ter pelo menos 10% de suas tarefas de trabalho afetadas pela introdução de [modelos de linguagem de grande porte]".[5] Em março de 2023, o Goldman Sachs alertou que 300 milhões de empregos nas principais economias seriam afetados.[6] De fato, a ameaça de desemprego generalizado é um dos fatores que impulsionam a carta aberta do Future of Life Institute pedindo a desaceleração das pesquisas em IA. "Deveríamos automatizar todos os empregos, incluindo os gratificantes?", perguntam os autores.[7] De acordo com seus signatários, como Steve Wozniak e Elon Musk, a resposta é não, embora alguns usos atuais da IA estejam fazendo exatamente isso.

Outros são mais otimistas. Os críticos do cenário apocalíptico dos empregos apontam para a falácia do "aglomerado de mão de obra", na qual se presume erroneamente que a quantidade de trabalho no mundo é fixa. Ao reduzir custos e aumentar a produtividade, observam eles, as novas tecnologias criam mais demanda por bens e serviços, aumentando assim o emprego. Nesse sentido, o "padrinho" da inteligência artificial e cientista-chefe de IA da Meta, Yann LeCun, afirma que, embora "não tenhamos ideia" de quais empregos existirão daqui a vinte anos, "isso não vai deixar muitas pessoas desempregadas permanentemente".[8]

A palavra "permanentemente" tem grande peso nesse contexto. Os avanços tecnológicos anteriores viram uma rotatividade dramática de empregos sendo adicionados e eliminados. Por exemplo, no início dos anos 1900, as perdas em empregos na agricultura foram amplamente superadas pelos ganhos no trabalho industrial, embora isso não fosse um grande consolo para o destituído meeiro que não fez a transição de uma para a outra. Como vimos, os luditas tinham motivos para se queixar.

O grande debate sobre IA e emprego, no entanto, tende a encobrir uma verdade mais ampla. Bill Gates resumiu isso em um ensaio recente: "A ascensão da IA libertará as pessoas para fazer coisas que o *software* nunca fará".[9] Grande parte do mundo permanece território desconhecido. Há mais para descobrir nos céus e na terra do que sonha nosso presente limitado. Temos um universo de segredos científicos para descobrir e oceanos infinitos de conhecimento para cruzar. Temos uma tela infinita para pintar e música sem fim para tocar. Da cura de doenças à restauração do meio ambiente, passando pela escrita do próximo grande romance, ainda há muito a fazer. E, para a maioria de nós, isso envolve encontrar um emprego razoavelmente bem remunerado e satisfatório. Assim, mesmo que a IA assuma o trabalho rotineiro, libertando-nos de tarefas repetitivas ou mundanas, os seres humanos ainda têm muito com que se ocupar. A maior questão é se dispomos das ferramentas para alcançá-lo.

Isso se relaciona a outro ponto geralmente ignorado pelos especialistas: o papel tradicional e importante desempenhado pela educação em ajudar as pessoas a dominar as ferramentas mais recentes e a se adaptar às mudanças tecnológicas. Se a história serve de guia, a educação não é apenas a companheira do progresso, é sua gêmea siamesa. Na democracia de massas urbanizada dos Estados Unidos do século XIX, as escolas primárias públicas e gratuitas tiraram a maioria dos norte-americanos do analfabetismo e os capacitaram a serem membros produtivos da economia industrial. À medida que a tecnologia ganhava força, o ensino médio público ajudou os basicamente alfabetizados a ascender ao próximo degrau da escada, fornecendo-lhes o conhecimento científico e especializado necessário para trabalhar em indústrias mais sofisticadas. Então, à medida que o mercado corporativo norte-americano ascendeu na ordem do pós-guerra, as faculdades e universidades públicas elevaram os níveis educacionais da população em geral, ensinando a uma parcela considerável da força de trabalho conhecimentos avançados em áreas profissionais. Agora, mais uma vez, a tecnologia está elevando o nível educacional.

Se o trabalho do amanhã exige mais de nós, devemos exigir mais da nossa educação, especialmente no âmbito universitário. Consequentemente, uma educação para a era da IA precisa se concentrar não apenas na tecnologia e na compreensão do que a tecnologia pode fazer, mas também no que ela não pode fazer – pelo menos por enquanto, e talvez nunca. Em outras palavras, uma educação à prova de robôs deve nutrir nossas capacidades únicas como seres humanos.

Inteligência humana para a era da IA

Muitos comentários sobre a ascensão das novas tecnologias tropeçam em discursos preguiçosos sobre a perda em massa de empregos e a supremacia das novas tecnologias – como se os comentaristas tivessem esquecido quem inventou a tecnologia, para começo de conversa. Eles minimizam ou ignoram algumas verdades importantes sobre a humanidade, a tecnologia e o lugar de cada uma na sociedade e no mundo. Por exemplo:

- A tecnologia pode levar vantagem quando se trata da computação em massa de fatos, mas os humanos ainda se saem melhor em situações que exigem inteligência emocional.
- A tecnologia está se tornando altamente hábil em tarefas analíticas complexas, como o sequenciamento de um genoma, mas os humanos ainda levam vantagem na análise de situações multifacetadas e dinâmicas. É por isso que trinta anos (até agora) foram necessários para desenvolver veículos autônomos razoavelmente seguros, enquanto jovens de 15 anos levam cerca de cinquenta horas para se familiarizar com os princípios básicos da direção.[10]
- A tecnologia é altamente útil em situações que exigem uma resposta correta, mas os humanos são muito mais hábeis em navegar por situações que oferecem escolhas e compensações, sem uma resposta ou caminho claro.
- A tecnologia tem pouca capacidade de reconhecer como o contexto cultural de uma situação pode afetar a análise de um problema ou situação. Os humanos frequentemente têm consciência de que o contexto cultural pode ser extremamente importante para uma situação.
- A tecnologia não tem a capacidade inerente de considerar as ramificações morais e éticas de um curso de ação. Frequentemente os humanos reconhecem que a dimensão moral de uma situação é a primeira coisa que deve ser considerada.
- A tecnologia – mesmo a tecnologia que permite o "aprendizado de máquina" – é fundamentalmente retrógrada, pois só pode fazer uma escolha ou tomar uma decisão com base em informações preexistentes. Ao contrário dos humanos, ela não tem a capacidade inerente da imaginação.

A questão é clara: em vez de alimentar a obsessão pelos domínios do esforço humano que a IA pode absorver, é muito melhor ajudar as pessoas a desenvolver os domínios que não foram e talvez nunca sejam concebidos para a competência da IA. Para tanto, sugiro que escolas e faculdades se concentrem em transmitir atributos exclusivamente humanos. Estes incluem a inteligência social e situacional para operar fora dos nossos sistemas digitais e ter sucesso na realidade, a destreza e a coragem para fazê-lo e uma capacidade que talvez seja a nossa mais elevada, difícil de definir e mais complexa de transmitir – além de ser a segunda colocada, logo atrás do pensamento analítico, no *ranking* de habilidades essenciais no *Future of Jobs Report*. Esse é o talento da humanidade para a criatividade incipiente.

A humanidade é a mãe da invenção

Poucos contestariam que Wolfgang Amadeus Mozart foi uma das pessoas mais criativas que já existiram. O homem que escreveu a Sinfonia n. 40 em Sol Menor e *Don Giovanni* é o exemplo por excelência de gênio criativo – uma pessoa cujo talento transcendeu todas as fronteiras de gênero, contexto e cultura. Em 1756, ano do nascimento de Mozart, a população humana na Terra era de aproximadamente 795 milhões de pessoas.[11] Em 1º de janeiro de 2023, a população mundial era dez vezes maior, chegando a 7,943 bilhões.[12] Matematicamente, podemos inferir que existem cerca de dez gênios criativos vivos hoje que nasceram com um talento extremo, mas não único, para a composição musical, como Mozart. É provável que muitos deles estejam atualmente vivendo na Índia ou na China.

No entanto, além de enfrentar uma concorrência humana de magnitude maior do que nos séculos passados, um artista que se esforce para fazer seu nome no mercado agora é obrigado a lidar com os produtos de algoritmos "criativos". Imitando as vozes dos cantores populares Drake e The Weeknd, uma faixa gerada por IA chamada "Heart on My Sleeve" recebeu recentemente milhões de cliques no TikTok, YouTube e Spotify antes de ser removida. Essa efêmera obra de arte meme não apenas levantou questões relevantes sobre propriedade intelectual e direitos autorais como suscitou questionamentos mais amplos sobre o futuro da criatividade humana. "O que está em jogo são coisas que tomamos como certas: ouvir música feita por humanos, pessoas fazendo isso como meio de vida e o reconhecimento como habilidade especial", diz Martin Clancy, músico que preside um comitê global sobre IA e ética nas artes.[13]

Sistemas de IA generativa são, às vezes, descartados como papagaios estocásticos que só conseguem regurgitar variações de seus *inputs*, incapazes de ser verdadeiramente criativos. No entanto, se a aparência de criatividade for indistinguível do produto real no mercado, a distinção corre o risco de se tornar uma distinção sem diferença. O fato é que a IA nada mais é do que uma ferramenta, um instrumento que podemos usar para criar falsificações ou abrir horizontes artísticos inimagináveis no passado. Embora John Lennon tenha morrido em 1980, Paul McCartney anunciou recentemente que estava usando IA para completar os vocais de seu colega de banda em uma faixa inédita dos Beatles.[14] Da mesma forma, compositores de música clássica passaram décadas experimentando IA para embelezar e inspirar sua arte. "Silicon", de Robert Laidlow, gravada em 2022 com a Filarmônica da BBC, combinou música original com contribuições de uma "IA simbólica e generativa que foi treinada com anotações de compositores de toda a história".[15] Para aproveitar ao máximo esses novos instrumentos à nossa disposição, precisamos aprender a tocar com eles. Ainda mais importante, precisamos inicialmente conceber a música.

A educação não pode ensinar todos a ser Mozart. No entanto, em uma economia global e automatizada, na qual cada vez mais pessoas excepcionalmente talentosas competem no mesmo nível, a educação ajudará aqueles sem habilidades singulares a alcançar resultados singulares. A educação deve, portanto, cultivar a capacidade não apenas de imitar bem, mas também de vislumbrar o que é original ou inesperado – em outras palavras, de criar. E, para ensinar criatividade, primeiro precisamos entender o que ela realmente é.

A psicologia cognitiva nos proporcionou um rico e variado corpo de estudos sobre criatividade. Na década de 1960, Paul Torrance desenvolveu uma sequência de testes que tentava quantificá-la, por exemplo, pedindo a uma criança que desenhasse detalhes em torno de uma forma neutra, incorporando-a a uma imagem que contasse uma história. Esses testes ainda são amplamente utilizados, especialmente em escolas, para avaliar crianças para fins de educação de superdotados, mas também em contextos corporativos.[16] No entanto, mesmo os mais fervorosos defensores dos testes concordam que a criatividade é um fenômeno de complexidade tão impressionante que é extremamente difícil desvendar seus constituintes mentais.

Um dos conceitos mais úteis sobre os quais os testes são construídos, porém, é a articulação de J. P. Guilford sobre pensamento convergente e divergente.[17] Quando as pessoas empregam o pensamento convergente, concentram-se em encontrar a única resposta "correta" para um problema ou tarefa. Responder a perguntas em um teste de múltipla escolha é um exemplo de pensamento convergente em ação. Quando usamos o pensamento convergente, ponderamos dados e alternativas para alcançar o melhor e mais preciso resultado. Esse é exatamente o tipo de atividade mental em que as máquinas são especialmente hábeis.

O pensamento divergente, por outro lado, é a geração criativa de múltiplas respostas em um fluxo livre de ideias. Exemplos disso incluem o *brainstorming* e a escrita livre – a manifestação de ideias na página sem levar em conta a estrutura ou a gramática. O pensamento divergente é frequentemente associado à ludicidade, à curiosidade e disposição para correr riscos.

O pensamento divergente e o convergente compartilham muitos dos mesmos elementos. Por exemplo, ambos exigem a capacidade de avaliar e elaborar. No entanto, o pensamento divergente requer uma criatividade mais ampla – a sensibilidade às nuances mutáveis de um problema, a facilidade para reformulá-lo conforme as circunstâncias exigem e, em última análise, a capacidade de gerar um resultado ou resolução que contenha aspectos que não estavam presentes no início do processo.[18]

De modo geral, o sistema educacional nos Estados Unidos – tanto o ensino fundamental e médio como o ensino superior – concentra-se em treinar os alunos para dominar o pensamento convergente. Quando pedimos aos alunos que determinem qual dos dois trens que viajam para Chicago, partindo de pontos diferentes e com velocidades diferentes, chegará primeiro, eles estão exercitando seus músculos do pensamento convergente. No entanto, esse é precisamente o tipo de trabalho cognitivo mais fácil de automatizar. Até mesmo desafios acadêmicos que misturam pensamento convergente e divergente estão sendo dominados pela IA: em 2023, o GPT-4 obteve pontuação no 90º percentil quando prestou o exame da OAB.[19]

O pensamento puramente divergente, no entanto, é outra questão. Embora as máquinas agora possam escrever ensaios sobre a economia da indústria baleeira da Nova Inglaterra do século XIX, o ChatGPT não consegue produzir *Moby Dick* partindo do *prompt* "Gere 400 páginas de ficção sobre uma viagem marítima epistemológica". Fazer isso bem – ou mesmo pensar em fazê-lo – ainda requer o trabalho de cérebros humanos. Mas nossas escolas muitas vezes não se saem especialmente bem em cultivá-las dessa maneira.

A palestra TED (Tecnologia, Entretenimento, *Design*) mais popular de todos os tempos é "As Escolas Matam a Criatividade?", de Sir Ken Robinson, gravada em 2006.[20] Nela, ele argumenta que a criatividade, que define como "o processo de ter ideias originais que têm valor", é tão importante para as crianças de hoje quanto a alfabetização. No entanto, ao estigmatizar o fracasso e as respostas erradas na escola, treinamos as crianças para sufocá-las. "Nós não crescemos em criatividade", diz Robinson. "Nós crescemos fora dela, ou melhor, somos educados fora dela."

Como o sistema educacional dos Estados Unidos foi projetado em grande parte para atender às necessidades da economia industrial dos séculos XIX e XX, ele tende a enfatizar as habilidades mais valiosas em um mundo composto por fábricas, burocracia e planilhas do Excel. Frequentemente, embora não exclusivamente, ela impulsiona os alunos a aprender matemática, línguas, ciências e outras "habilidades técnicas", com menos ênfase nas ciências humanas, nas disciplinas criativas (como música e artes visuais) e nas habilidades socioemocionais, tipicamente chamadas de *soft skills*, "habilidades sociais". Como observa Robinson, nosso sistema educacional tende a elevar o desempenho acadêmico acima de tudo, de modo que o produto ideal do processo educacional, se todos os testes forem aprovados e todos os cursos forem assimilados, é um professor universitário. Como ele corretamente observa, essa visão distorcida de inteligência ignora a riqueza da capacidade humana. "Nossa educação explorou nossas mentes assim como nós exploramos a terra em busca de um recurso específico", diz Robinson, insistindo que há tesouros maiores a serem descobertos do que o mero desempenho acadêmico.

De fato, a visão de que o domínio de fatos e conhecimento é o que torna uma pessoa "inteligente" ou "preparada" é certamente uma visão distorcida da inteligência humana – e nunca tanto quanto no momento presente, quando a IA pode fornecer fatos e conhecimento com muito mais eficácia do que os "mais inteligentes" entre nós. No entanto, o ensino superior tende a reforçar essa visão distorcida. Faculdades e universidades, em seu DNA, são mecanismos de transmissão de conhecimento sobre assuntos específicos. Desde a invenção das universidades na Idade Média, elas se organizavam em torno da separação de disciplinas, com faculdades especializadas no conteúdo de teologia, direito ou medicina.

Hoje, a maioria dos currículos e da pedagogia das faculdades ainda atribui importância desmedida à transferência de informações para a mente dos alunos. O desenvolvimento das capacidades mentais de ordem superior dos estudantes, como o pensamento crítico ou a comunicação elegante, é certamente um dos objetivos da educação universitária, mas com muita frequência é secundário à assimilação de conteúdo. Na maioria das vezes, os cursos universitários não são projetados para nutrir habilidades metacognitivas de forma explícita e sistemática.

Outro problema com as instituições de ensino superior hoje é que, ainda que pretendam ensinar essas habilidades, elas não necessariamente o fazem bem, muito menos nutrem a criatividade dos alunos. Em seu estudo de 2011, *Academically Adrift: Limited Learning on College Campuses* [Academicamente à deriva: Aprendizagem limitada nos *campi* universitários, em tradução livre], Richard Arum e Josipa Roksa descobriram que muitos estudantes de graduação obtiveram ganhos desanimadores em habilidades cognitivas de nível superior, que supostamente são o subproduto da obtenção de um diploma.[21] Na última década, a maioria das instituições passou a usar análises preditivas na tentativa de melhorar as taxas de sucesso dos alunos – por exemplo, por meio de sistemas de gestão da aprendizagem que monitoram por quanto tempo os alunos se envolvem com o material. Na maioria dos casos, porém, esses sistemas são projetados para promover a retenção e a persistência, em vez de levar a melhorias mensuráveis em áreas como pensamento crítico ou raciocínio complexo.

Outros dados reforçam esse prognóstico sombrio. Por meio de seu Programa para a Avaliação Internacional de Competências de Adultos (*International Assessment of Adult Competencies*), o PIAAC, a Organização para a Cooperação e Desenvolvimento Econômico (OECD) realiza pesquisas sobre habilidades para a vida em adultos em todo o mundo, testando-os em alfabetização, matemática e resolução de problemas em um ambiente rico em tecnologia. Os norte-americanos não apresentam um desempenho particularmente bem-sucedido. A pesquisa mais recente, de 2017, não encontrou nenhuma melhora em relação à iteração anterior, com 36% dos adultos americanos com escolaridade superior ao ensino médio não conseguindo obter pontuação acima de dois em uma avaliação de alfabetização de cinco níveis. Na avaliação de matemática, esse número desanimador subiu para 47% entre os adultos com ensino superior.[22]

Agora você pode perguntar: "Qual a importância de os alunos não conseguirem pensar, se a IA agora pode pensar por nós?". Em vez de levantar a bandeira branca contra a humanidade e apagar a lousa educacional, precisamos reconsiderar o que ensinamos. Se reequilibrarmos nossa abordagem – ajudando os alunos a adquirir o conteúdo necessário para compreender o domínio de estudo escolhido, bem como as capacidades cognitivas mais amplas de que necessitam em um mundo movido pela IA –, as gerações futuras não cederão sua autonomia aos *chatbots*, nem serão abandonadas à própria sorte.

Para tanto, precisamos de um novo modelo de aprendizagem que não apenas permita que os alunos compreendam o mundo altamente tecnológico ao seu redor, mas que, simultaneamente, lhes permita transcendê-lo, nutrindo as qualidades mentais e intelectuais que são únicas aos humanos – ou seja, sua capacidade de colaboração, flexibilidade mental e criatividade. Chamo esse modelo de *Humanística*.[23]

Assim como a engenharia e a filosofia são disciplinas que envolvem o estudo de um conjunto de conhecimentos e o desenvolvimento de uma forma de pensar, Humanística é uma disciplina que ensina o domínio do conteúdo, bem como a aquisição de habilidades específicas. Ela ajuda as pessoas a compreender os componentes do mundo tecnológico, ao mesmo tempo que lhes dá a capacidade de utilizá-lo, manipulá-lo e, finalmente, transcendê-lo. Humanística é uma disciplina adaptada à nossa era, fundamentada no domínio do conhecimento de conteúdo que chamo de Novos Letramentos e no desenvolvimento de formas de pensar "à prova de robôs", às quais me refiro como Capacidades Cognitivas.

Os novos letramentos

A palavra "*literacy*",* que significa, em seu sentido mais elementar, a capacidade de ler e escrever, deriva do latim *littera*, que se refere a qualquer letra do

* N.E.: A tradução de "*literacy*" em português é alfabetização e também letramento. Alfabetização refere-se à capacidade básica de ler e escrever. É o domínio técnico do código escrito.

alfabeto. O termo normalmente inclui a matemática, o que faz sentido considerando que a escrita humana, em sua origem, era um meio de registrar dados matemáticos. Tanto letras como números nos permitem representar a expressão verbal por meio de símbolos, para que possamos preservar essas ideias e transmiti-las a outras pessoas. Essa capacidade de telegrafar ideias para a mente de outras pessoas simplesmente mostrando a elas alguns sinais abstratos é uma das ferramentas mais poderosas da humanidade. E, como qualquer pessoa que já se perdeu em um bom livro – ou em uma planilha financeira – bem sabe, essa também é uma forma primitiva de realidade virtual. A alfabetização oferece informações e desperta a imaginação.

Antes da internet, a escrita era o meio como os seres humanos registravam fatos, codificando todas as verdades aceitas sobre a história, os direitos de propriedade, a genealogia, as leis e a cultura de uma civilização. O domínio da palavra escrita tornava a pessoa totalmente humana. Era a base da capacidade de uma pessoa ter uma vida plena em sociedade. Era poder. É por isso que, às vezes, era restrita a grupos privilegiados, e seus segredos eram ocultados à força dos marginalizados. Frederick Douglass escreveu certa vez que a alfabetização é o caminho da escravidão para a liberdade, e, inversamente, um déficit de letramento é um deslize para a impotência.

O letramento nos dá o poder de interagir com as ideias e informações produzidas por outras pessoas a qualquer distância de tempo ou espaço. A linguagem escrita nos permite comunicar ideias, a matemática nos permite comunicar sobre quantidades e dimensões, e o letramento científico nos permite comunicar sobre o mundo natural. Em um ambiente digital, os seres humanos exigem mais letramentos complexos que nos permitam fazer mais do que simplesmente transmitir conceitos entre mentes humanas. Os três novos letramentos que compõem a Humanística – letramento tecnológico, letramento de dados e letramento humano – nos permitem interagir com outras pessoas e máquinas. Mais ainda, eles nos capacitam a utilizar o mundo impulsionado pela IA em todo o seu potencial.

Letramento é um conceito mais amplo que envolve o uso competente da leitura e escrita em práticas sociais.

Letramento tecnológico

Em períodos anteriores de avanço tecnológico, pode-se argumentar que não era tão necessário que a pessoa comum soubesse como a tecnologia que estava usando funcionava de fato. A família da década de 1950 que comprou uma nova televisão podia permanecer alheia ao fato de que seu novo aparelho tinha um tubo de raios catódicos em seu interior que transformava feixes de elétrons em imagens; tudo o que eles realmente precisavam saber era que, ao puxar um interruptor e girar um botão na parte externa do aparelho no horário combinado, *I Love Lucy* apareceria. Da mesma forma, os primeiros usuários da internet não tinham necessidade vital de compreender a vasta rede de fios, cabos, servidores e ondas de rádio que impulsionava aquele avanço pioneiro; o que importava muito mais era saber como utilizá-la para obter as informações buscadas. É verdade que, se a TV quebrasse ou o modem parasse de funcionar, seria necessário um especialista experiente para fazer os reparos necessários. Mas, em geral, ter um amplo conhecimento da tecnologia em uso não era um imperativo antes de usá-la.

O despertar da era da IA, no entanto, é diferente, e, à medida que continuamos a acelerar em direção à sua adoção em várias facetas de nossas vidas, é importante que as escolas, e particularmente as faculdades, ofereçam uma educação básica significativa em letramento tecnológico – em outras palavras, onde essa tecnologia transformadora está aparecendo e como ela opera. A razão para isso é simples: ao contrário da maioria das novas tecnologias anteriores, a IA não está restrita a um setor de negócios ou a um domínio da existência humana; ela está em toda parte. De fato, quando falamos amplamente de "IA" hoje em dia, estamos nos referindo a pelo menos cinco coisas: (1) ferramentas de IA de uso geral, como GPT-4 e aplicações similares, (2) IA industrial, ou o uso de aplicações especializadas de IA para abordar situações e problemas em uma gama diversificada de setores econômicos, (3) mídias sociais, que usam IA liberalmente em seus algoritmos projetados para enviar conteúdo aos usuários, (4) a Internet das coisas, na qual sensores e aplicações de IA são conjugados a dispositivos físicos como carros, eletrodomésticos e outros itens comumente usados, e (5) o metaverso, que consiste em realidades aumentadas e virtuais habilitadas pela IA.

Considere o que foi exposto acima por mais um momento: estamos apenas no alvorecer da era da IA, e ela já está completamente inserida em nossa vida profissional, em nossa vida doméstica, na maneira como nos comunicamos, em nossas atividades cotidianas e em "realidades" inventadas e alimentadas pela tecnologia. Isso não é suficiente para torná-la um tema digno de estudo fundamental para todos?

Certamente é, principalmente quando consideramos os efeitos de não termos oferecido esse tipo de conhecimento fundamental durante a última era de ampla mudança tecnológica: a era da computação pessoal. Nos Estados Unidos e em outros lugares, muito se fala, com razão, da chamada exclusão digital entre jovens de diferentes raças e classes socioeconômicas. Embora existam várias razões para essa exclusão, uma das principais é que, mesmo na década de 2020, apenas metade de todos os estados norte-americanos exigia instrução em ciência da computação, e apenas 6% dos alunos do ensino médio por ano estavam matriculados em um curso básico de ciência da computação.[24] A relativa falta de atenção à educação em computação na educação formal se traduz em oportunidades de emprego desiguais posteriormente: como observa o Instituto de Engenheiros Eletricistas e Eletrônicos (do inglês Institute of Electrical and Electronics Engineers – IEEE), mais de 80% dos empregos de qualificação média em todo o mundo exigem um nível moderado de proficiência digital. Como resultado, pessoas sem essas habilidades perdem o acesso a oportunidades de emprego valiosas e bem remuneradas.[25] O mesmo risco existe agora na era da IA, criando uma forte obrigação para o setor educacional se atualizar.

Há outra razão importante pela qual ajudar os alunos a desenvolver o letramento tecnológico básico é importante: em muitos aspectos, a IA é diferente de todas as tecnologias que a precederam, até mesmo os computadores. De modo geral, o propósito de todas as tecnologias anteriores tem sido fazer uma ou mais das três coisas seguintes: (1) tornar uma tarefa mais fácil, (2) fazê-la mais rápido e (3) alcançar um resultado. Um trator torna mais fácil e rápido mover a terra, uma calculadora torna mais fácil e rápido calcular um problema de matemática, um avião torna possível viajar para um destino distante de forma mais rápida e simples. A IA também faz essas três coisas, mas frequentemente também faz uma quarta e uma quinta coisas:

toma decisões sobre o que está acontecendo e, às vezes, sugere que *nós* façamos algo. Essa é a parte "inteligente" da "inteligência artificial". Um exemplo brando disso é quando uma simulação alimentada por IA ajuda um supervisor de fábrica a discernir que uma pane na linha de montagem provavelmente se deve a uma peça desgastada que deveria ser substituída. Um exemplo mais preocupante é um algoritmo de mídia social que envia às pessoas postagens sucessivas sugerindo que uma eleição nacional é ilegítima quando elas postam sobre essa eleição – e, em seguida, seleciona novas postagens em seu *feed* de pessoas que defendem uma resposta violenta a essa realidade percebida.

A IA está em toda parte, pode ser poderosa, e o que ela produz nem sempre é neutro ou inerte. É por isso que é importante ter uma compreensão básica de como ela funciona – e é por isso também que é importante ter uma compreensão básica dos dados que ela produz, que formam a base para nosso próximo Novo Letramento.

Letramento de dados

Os humanos têm uma relação tensa com os dados há muito tempo, desde bem antes do surgimento da IA. Para cada publicação dos documentos do Pentágono no *New York Times* que revelaram a verdade sobre o envolvimento político e militar dos Estados Unidos no Vietnã, há um tratamento sensacionalista e impreciso do naufrágio do *USS Maine* em um jornal da Hearst, apressando a entrada dos Estados Unidos na Guerra Hispano-Americana. Os dados, e a maneira como são apresentados, são importantes por dois motivos: (1) formam a base de como entendemos a realidade e o mundo ao nosso redor, e (2) as pessoas e as sociedades precisam de dados verdadeiros e acurados para tomar decisões acertadas e positivas. A IA rapidamente se mostrou uma bênção e uma maldição nesse sentido, e é por isso que as universidades precisam ampliar o ensino de *letramento de dados* – ou seja, uma educação que ajude os alunos a aprender (1) como discernir melhor o que é verdadeiro e o que não é, (2) o que é produzido por humanos e o que é produzido por máquinas, e (3) como filtrar a abundância de informações para identificar e aplicar os dados mais úteis e relevantes para determinada situação.

A esta altura, a maioria de nós já sabe que as mídias sociais operam tipicamente enviando conteúdo aos usuários, impulsionado por algoritmos baseados em IA que se baseiam e reforçam o conteúdo que o usuário visualizou anteriormente na plataforma. Os humanos dão sentido ao mundo primeiro percebendo-o, depois generalizando nossas experiências e, finalmente, construindo modelos mentais para navegar em nosso futuro. Assim, quando percebemos o mundo através da estreita abertura que as mídias sociais frequentemente apresentam, ficamos mais suscetíveis a cometer erros no modo como construímos esses modelos mentais.[26] Percebemos "realidades" que tendem a reforçar nossas perspectivas existentes e desconsiderar outras. À medida que essas perspectivas familiares são repetidas, podemos até passar a acreditar nelas como fatos, mesmo quando são apenas opiniões. As plataformas tradicionais de mídia social também se mostraram um canal eficaz para a rápida disseminação de falsidades descaradas – particularmente nos Estados Unidos, onde as mídias sociais são pouco regulamentadas.[27]

A última geração de ferramentas de IA, como o GPT-4, sofre dessas desvantagens, e de diversas outras. Muito se tem falado sobre a propensão dessas ferramentas a "alucinar" – isto é, a oferecer informações como fatos, e até mesmo fatos confiáveis, quando, na verdade, são inteiramente inventadas. Por exemplo, quando o Google revelou seu novo *chatbot* de IA, Bard, no início de 2023, o *bot* erroneamente observou que o Telescópio Espacial James Webb havia capturado as primeiras imagens de um planeta fora do nosso sistema solar (na verdade era o Telescópio Espacial Hubble).[28] Mais preocupante, descobriu-se que o GPT-4 inventava fatos e números, aparentemente apoiados por referências acadêmicas e científicas, que estavam completamente errados.[29] Considerando tudo isso, o atual nível geral de precisão da IA não apenas evoca o antigo provérbio russo *doveryay, no proveryay* ("confie, mas verifique"), mas talvez nos incentive a ir um passo além: *não* confie e verifique. Dada a tendência humana de acreditar em informações que se presume vir de fontes confiáveis[30] – o que muitos podem considerar Bard, GPT-4 e ferramentas de IA semelhantes –, é obviamente importante que as faculdades treinem os alunos para tratar informações provenientes de IA com um olhar cético apropriado.

Ao mesmo tempo, o ensino superior faria bem em sintonizar os alunos com o número crescente de maneiras positivas pelas quais os dados gerados por IA estão afetando as áreas que faculdades e universidades normalmente ensinam, incluindo ciências, medicina e negócios. Assim como o computador ou a calculadora, um recurso fundamental da IA é que ela pode processar certos tipos de informação muito mais rapidamente do que os humanos, e, assim como um microscópio ou telescópio, ela pode ver coisas com muito mais precisão do que o olho humano. Esse é o motivo pelo qual a IA está sendo anunciada em áreas como a radiologia, onde tem sido usada para melhorar significativamente a precisão dos exames médicos de radiografias de tórax, levando a um rastreamento mais preciso do câncer de pulmão.[31] A IA auxiliou significativamente os esforços para encontrar curas para doenças raras, reduzindo bastante o tempo necessário para sequenciar os genomas associados a essas doenças. Em 2023, uma equipe de pesquisa sequenciou um desses genomas em apenas cinco horas e dois minutos – em comparação com o tempo normal de algumas semanas –, estabelecendo um Recorde Mundial do *Guinness*.[32]

A facilidade da IA em processar enormes quantidades de dados, percorrer milhares de cenários teóricos e analisar padrões complexos para identificar *insights* úteis também está deixando sua marca no mundo do comércio, muitas vezes por meio do uso de algo chamado "gêmeo digital". Um gêmeo digital é uma réplica virtual de um ativo ou sistema físico criado pela coleta e integração de dados de sensores, dispositivos habilitados para IA e outros sistemas digitais. O gêmeo digital usa esses dados para simular o comportamento e o desempenho do ativo físico, permitindo que as empresas monitorem e otimizem as operações. É crucial para a manutenção dos complexos sistemas industriais discutidos no capítulo anterior, que por si sós aumentam a necessidade de os funcionários serem pensadores sistêmicos ágeis.

Os gêmeos digitais podem ser usados para diversos ativos, desde máquinas e equipamentos até edifícios e cidades inteiras. Por exemplo, a montadora francesa Renault usa gêmeos digitais para criar réplicas virtuais de carros, começando com um *design* virtual e seguido por um modelo digital de todos os componentes tecnológicos do carro. Isso permite que a Renault teste seus veículos com antecedência, garantindo a conformidade com as normas de segurança e fazendo as alterações necessárias antes da produção final. Da mesma forma, a empresa global de bens de consumo Unilever replicou centenas de suas fábricas como modelos de gêmeos digitais. Por meio de dispositivos portáteis, a equipe no local pode acessar os dados do gêmeo digital, analisar desafios, elaborar soluções e trocar informações com colegas. O objetivo é aumentar a eficiência, minimizar o desperdício e garantir a adesão aos padrões de conformidade e qualidade em toda a cadeia de suprimentos da Unilever.[33]

Claramente, esses desenvolvimentos – que estão mudando a forma de todos os domínios com os quais faculdades e universidades se preocupam – devem ser incorporados à educação padrão que as faculdades oferecem atualmente. No entanto, mesmo uma base em letramento tecnológico e em IA, bem como em dados, não é suficiente para considerar as implicações de um mundo impulsionado pela IA. Para realmente fazer isso, os alunos de hoje precisarão de mais um letramento fundamental – não no que a IA pode fazer, mas no que ela não pode.

Letramento humano

A inteligência artificial é impressionante. Os humanos também. Como observa a bióloga e psicóloga Suzana Herculano-Houzel, nossos cérebros são enormes – sete vezes o tamanho que deveriam ter em relação ao tamanho de nossos corpos, em comparação com outros animais. Mas não é apenas o tamanho do cérebro que diferencia os humanos; é o nosso poder cerebral. Graças ao desenvolvimento, por nossos ancestrais, há 1,5 milhão de anos, de uma maneira altamente útil e eficiente de obter mais calorias – cozinhando –, o cérebro humano contém mais neurônios em seu córtex cerebral do que o de qualquer outro animal.[34] Essa vantagem, é claro, nos ajudou a nos posicionarmos no topo da ordem biológica e pode nos ajudar a manter a vantagem sobre a inteligência criada por máquinas. Mas, a rigor, nem precisamos de nossos grandes cérebros para isso; nossos corpos e almas bastarão. Afinal, quando foi a última vez que você viu a IA lançar uma bola rápida perfeita? Quando foi a última vez que um *chatbot* conquistou alguém com sucesso para se tornar seu noivo? A IA pode estar em rápida ascensão, mas as maravilhas da humanidade e da sociedade que ela criou – sem falar do mundo natural, do universo e de todos os seus mistérios remanescentes – ainda têm muito a oferecer.

É aqui que o último dos Novos Letramentos – o *letramento humano* – entra em jogo. Conforme observado no início deste capítulo, o propósito mais elevado do ensino superior é promover atributos exclusivamente humanos: a inteligência social e situacional essencial para operar no mundo, a iniciativa e a flexibilidade para catalisar o sucesso nele e a imaginação para aprimorá-lo. O letramento humano exercita esses atributos, que chamo de Capacidades Cognitivas.

As capacidades cognitivas

Anteriormente neste capítulo, discuti alguns temas notáveis no amplo discurso sobre automação e sociedade: (1) apesar da crescente prevalência da tecnologia, os empregadores estão buscando humanos ainda mais intensamente para oferecer habilidades analíticas e outras habilidades, (2) embora a IA possa ser cada vez mais confiável para lidar com tarefas que exigem o pensamento convergente – em outras palavras, uma escolha ou cálculo com uma resposta definida –, ela ainda não dominou as nuances do pensamento divergente e (3) a verdadeira criatividade – não a exploração do passado em busca de *insights*, mas o ato generativo de gerar uma ideia totalmente nova – está fora do escopo atual da IA. Ao nos aprofundarmos em cada um desses temas, podemos identificar nove habilidades distintas que, se cultivadas, podem ajudar os alunos de hoje a desenvolver uma mentalidade verdadeiramente à prova de IA. As nove capacidades cognitivas consistem em três capacidades cognitivas essenciais, três catalíticas e três criativas.

As capacidades essenciais

Agrupo as três primeiras capacidades cognitivas em uma categoria que chamo de capacidades essenciais. Essas são habilidades clássicas que serão familiares ao estudante ou profissional médio, mas, por mais familiares que sejam, aspectos importantes delas permanecem além da capacidade de compreensão da tecnologia. A primeira delas é o *pensamento crítico* e a *resolução de problemas* – ou seja, a capacidade de aplicar o pensamento de nível superior, orientado a processos, a uma questão ou problema, considerá-lo a partir de uma gama de perspectivas possíveis e, então, usar esse raciocínio para tomar decisões.

É nesta última área que a IA atualmente falha. Considere, por exemplo, o que frequentemente acontece quando se pede a um *software* de IA generativa como o GPT-4 para lidar com uma questão controversa ou um problema complexo. Baseando-se nos bancos de conhecimento da internet, ele pode retornar com uma resposta detalhada, pode até reconhecer várias dimensões da questão, ou que diferentes pessoas têm perspectivas divergentes sobre ela. No entanto, geralmente, nesses casos, ele resistirá a tirar uma conclusão definitiva; em vez disso, enfatizará que existem diferentes perspectivas que podem ser consideradas. Isso é muito imparcial, mas é incompleto. No mundo real, as pessoas precisam fazer escolhas, grandes e pequenas, para poderem seguir em frente. Ao enfatizar um propósito fundamental do pensamento crítico – resolver um problema em questão –, os educadores podem promover a capacidade do aluno de tomar decisões e fazer escolhas importantes, o que a IA reluta em fazer.

A segunda capacidade fundamental é a *comunicação* e a *colaboração* – a capacidade de expressar ideias claramente para um público-alvo, incluindo persuadir outros a trabalhar em prol de um objetivo comum. Mais uma vez, é neste último aspecto que as habilidades da IA ainda não estão à altura das dos humanos. Todos sabemos que a IA avançou a passos largos no que diz respeito à comunicação. Sua capacidade de expressar informações em uma linguagem que espelha a fala e a escrita humanas foi precisamente o que desencadeou o novo alvoroço sobre a tecnologia e suas possibilidades. Porém, como qualquer professor altamente qualificado que já encarou uma turma de alunos de graduação entediados lhe dirá, a capacidade de utilizar linguagem sofisticada não é a mesma coisa que ser envolvente ou persuasivo. A comunicação eficaz não se expressa apenas em palavras, mas em inflexões e emoções. Trata-se de ser capaz de ler o ambiente. E, quando se necessita usar palavras para mobilizar pessoas para a sua causa, é preciso entender essas pessoas – e como as palavras se conectam com seus valores, motivações e objetivos. Ou seja, as palavras são apenas o ponto de partida para a comunicação. A IA pode ser mais hábil com as palavras hoje em dia, mas as pessoas ainda fornecem o material crucial para dar a elas um significado mais profundo.

O mesmo se aplica à terceira das nossas principais capacidades: *agilidade cultural*. Agilidade cultural é a capacidade de apreciar a diversidade do mundo ao nosso redor – diferentes valores, normas e entendimentos entre culturas, bem como a capacidade de navegar efetivamente entre elas de maneira positiva e produtiva. Como minha colega Paula Caligiuri descreve, agilidade cultural é "a megacompetência que permite aos profissionais atuar com sucesso em situações interculturais".[35]

Mais uma vez, a tecnologia impulsionada pela IA pode estar melhorando rapidamente quando se trata de coisas como *softwares* de tradução, mas, não importa quão precisos sejam nossos aplicativos *iTranslate*, a verdadeira agilidade cultural, manifestada por uma compreensão autêntica da diversidade, permanece além do alcance das máquinas. Ela envolve mais do que simplesmente saber como se comportar em uma videoconferência ou em um restaurante estrangeiro. A agilidade cultural exige uma imersão profunda o suficiente em uma cultura para que possamos nos integrar perfeitamente a equipes multiculturais ou obter resultados de pessoas que têm vidas radicalmente diferentes das nossas.

Não existe uma máquina no mundo que possa nos aconselhar sobre como responder a um estranho em um bar lotado ou como reagir ao tom de voz e à linguagem corporal de um novo colega (embora tenhamos visto enormes avanços em *softwares* que conseguem ler expressões faciais).[36] A IA pode ser capaz de nos dizer o significado exato das palavras de um empresário, mas não conseguiria negociar um acordo levando em conta subtextos, significados não ditos e diversos e diferentes pressupostos culturais. De fato, como o viés da IA pode propagar preconceitos existentes e ampliar injustiças, é mais importante do que nunca olhar além das telas e aprender a se conectar com pessoas que, à primeira vista, podem não parecer se encaixar perfeitamente em nossos círculos habituais.

No passado, a agilidade cultural poderia parecer algo comum a viajantes de negócios e diplomatas, mas a globalização elevou essa habilidade a um imperativo generalizado. Um profissional de *marketing* que vende um automóvel inventaria campanhas publicitárias completamente diferentes para Dubuque ou Dubai. A agilidade cultural é crucial para a resolução de problemas além das fronteiras. Em nossa economia culturalmente diversa, os profissionais mais bem-sucedidos serão aqueles que conseguirem atravessar barreiras com leveza, demonstrando tranquilidade psicológica ao tomar decisões em contextos diversos, integrando-se ou adaptando-se e obtendo sucesso em diferentes funções. Tudo isso está muito além da capacidade da IA – mas firmemente dentro do domínio dos aprendizes, se desenvolvido adequadamente.

As capacidades catalíticas

O próximo conjunto de capacidades cognitivas deriva de nossa observação anterior de que, embora a IA possa ser hábil em tarefas que exigem o pensamento convergente – responder a uma pergunta que tenha uma resposta direta e correta ou chegar a uma conclusão linear e lógica com base em um conjunto de fatos ou circunstâncias –, nós, humanos, somos mais habilidosos no pensamento divergente: a observação bizarra, porém astuta, que surge do nada, a junção de observações de áreas extremamente díspares de maneira que, de algum modo, faça todo o sentido, a análise contrária que desafia os dogmas aceitos.

Por que somos tão bons nessas coisas? De acordo com a teoria da neurociência cognitiva, é porque (1) somos conscientes, e a consciência é necessária para algumas tarefas cognitivas específicas, como aquelas que exigem a manutenção duradoura de informações, novas combinações de operações ou a geração espontânea de comportamento intencional, (2) prestamos muita atenção ao contexto em que vivemos e estamos sempre armazenando fatos interessantes sobre ele em nossos cérebros para uso futuro (cientistas levantam a hipótese da existência de um "espaço de trabalho cognitivo" no cérebro humano que conecta informações de neurônios distantes para gerar novos *insights*), e (3) somos seres movidos por um propósito.[37] Para dizer o óbvio, a IA não tem nenhum desses três atributos, e o fato de os possuirmos dá aos humanos a capacidade de serem não apenas pensadores interessantes, mas pensadores catalíticos – em outras palavras, de se envolver no tipo de pensamento que leva as coisas além dos lugares esperados e para um território novo. Para maximizar essa vantagem neural, escolas e faculdades devem cultivar os seguintes atributos nos alunos – três habilidades adicionais que podemos chamar de capacidades catalíticas, cada uma orientada para promover o pensamento divergente, a persistência e o impulso para a frente:

- *Iniciativa e autoconfiança:* O poder de assumir a responsabilidade por um empreendimento com contribuição ou orientação limitadas e de superar obstáculos de forma independente.
- *Conforto com o risco:* A capacidade de seguir em frente por um caminho de ação, apesar da incerteza e dos desafios inevitáveis.
- *Flexibilidade e adaptabilidade:* A capacidade e a disposição para mudar ações e planos para superar desafios presentes e futuros.

As capacidades criativas

Finalmente, reforçando nossa observação anterior de que as pessoas são generativas de um modo que a IA fundamentalmente não é, escolas e faculdades também devem se comprometer novamente a apoiar o domínio distintamente humano da criatividade. Aqui, mais uma vez, vale a pena observar a maneira como os aspectos neurológicos únicos de nossos cérebros influenciam essa capacidade. Como os cientistas amplamente documentaram, embora os humanos não sejam a única espécie com alguma capacidade de recordar o passado e planejar o futuro, nossa capacidade ilimitada de imaginar e refletir sobre diferentes situações, bem como o profundo impulso que temos de conectar nossas mentes criadoras de cenários, formam a base para uma profunda capacidade criativa que nos distingue de todas as outras criaturas – e tecnologias.[38] Como observa o escritor e psicólogo Thomas Suddendorf:

> O desenvolvimento humano da construção mental de cenários explode após os 2 anos de idade... [as crianças] evocam e repetem cenários incansavelmente com adereços como bonecas e brinquedos. Pensar, fundamentalmente, é imaginar ações e percepções, e... ao brincar, as crianças testam hipóteses, consideram probabilidades e fazem inferências causais, de modo não muito diferente dos cientistas (adultos).[39]

No entanto, em vez de educar os jovens para que abandonem essas inclinações criativas naturais, como observadores indicaram anteriormente (e corretamente) que as escolas quase sempre fazem, nossas instituições educacionais deveriam servir como estufas que protegem e cultivam essas capacidades preciosas. Entre outras coisas, escolas e faculdades podem promover (1) o *reconhecimento de oportunidades*, a prática de ver e vivenciar problemas como oportunidades para criar soluções, (2) a *inovação criativa*, a capacidade de pensar em ideias e criar soluções para os problemas sem estruturas claramente definidas e (3) a *orientação para o futuro*, uma disposição focada em orientar-se para os desenvolvimentos e oportunidades futuros na sociedade.

Mas como ensinar?

Se o objetivo do ensino superior fosse simplesmente inserir informações no cérebro de um aluno, um cartão de biblioteca ou uma conexão com a internet seriam as únicas ferramentas de que precisaríamos. Mas a maioria das pessoas não é autodidata, e a maioria dos estudantes universitários não domina o conteúdo nem desenvolve as habilidades transmitidas por seus programas de graduação simplesmente por meio da leitura. Empregamos seminários, trabalhos de redação, provas e uma multiplicidade de outras ferramentas para ensinar materiais acadêmicos. Assim, quando reequilibramos o objetivo da educação universitária, afastando-o de sua atual ênfase exagerada na transmissão de conteúdo e direcionando-o para o ensino do currículo de humanística de novos letramentos e capacidades cognitivas, precisamos igualmente expandir nossa caixa de ferramentas pedagógicas. Isso envolve a integração dos letramentos por meio de programas inovadores, como especializações combinadas, bem como a aprendizagem baseada em projetos, focada em desafios diretamente relevantes para a sociedade e, portanto, para a vida dos alunos.

Considerando o objetivo de proporcionar aos alunos uma perspectiva abrangente e multidimensional sobre o conteúdo enquanto exercitam suas capacidades cognitivas, faculdades e universidades devem integrar os letramentos por meio de programas que transcendam as disciplinas tradicionais. Uma abordagem consiste em elaborar ofertas híbridas, como especializações combinadas que articulam múltiplas áreas acadêmicas, construindo pontes intencionais entre disciplinas que podem inicialmente parecer separadas ou mesmo não relacionadas – por exemplo, ciência da computação e filosofia. Em um programa independente de ciência da computação ou filosofia, os professores conduziriam os alunos por meio de disciplinas sobre, digamos, os fundamentos da programação ou epistemologia. Uma especialização combinada, por outro lado, faria os alunos aplicarem a lógica formal a princípios computacionais, ao mesmo tempo que se concentrariam na comunicação hábil e nas questões éticas levantadas pelas tecnologias da informação. O currículo entrelaçaria explicitamente os três letramentos, orientando os alunos a estabelecer conexões, por exemplo, entre a *Metafísica* de Aristóteles, a teoria da informação e o processo de desenvolvimento de *software*.

O poder dessa abordagem reside em tirar os alunos de silos rígidos, incentivando-os a sintetizar conhecimentos em diferentes áreas e a praticar toda a variedade de capacidades cognitivas. Os programas também cultivariam explicitamente habilidades mentais. Por exemplo, uma aula de negócios globais poderia desafiar os alunos a pensar sobre o reconhecimento de oportunidades, inovação e conforto com riscos, mas também sobre a agilidade cultural. Um curso sobre sustentabilidade costeira no mar do Caribe testaria as habilidades de resolução de problemas dos estudantes, expondo-os a conceitos que vão desde ciências ambientais a análise de dados, planejamento urbano, estatística e ciências da saúde. Uma aula sobre contratos internacionais poderia exercitar o pensamento crítico por meio da polinização cruzada de direito e finanças, inteligência artificial e relações globais.

No entanto, mesmo o currículo acadêmico mais bem elaborado só é eficaz quando seus alunos estão engajados e entusiasmados para aprender. Os educadores devem, portanto, estar atentos à conexão de seus cursos com aplicações fora do âmbito acadêmico. A aprendizagem baseada em projetos demonstra vividamente que as ações falam mais alto do que teorias isoladas, estabelecendo conexões entre a aprendizagem dos alunos e sua atuação no mundo além do *campus*. Além disso, os estudantes aprofundam seu engajamento quando seus esforços contribuem, de maneira tangível, para o enfrentamento de desafios reais. Assim, por exemplo, um programa de ciências da saúde pode delegar um projeto a uma organização sem fins lucrativos que combate a disseminação de doenças parasitárias em uma comunidade rural. Ao sair da sala de aula para coletar dados em campo, os alunos colocam em prática o conhecimento adquirido nos livros didáticos e testemunham seu impacto na vida das pessoas. Ou, então, estudantes de física podem empreender um projeto de pesquisa que contribua para um trabalho sobre fusão nuclear, exercitando assim suas habilidades de laboratório e, ao mesmo tempo, contribuindo, mesmo que em pequena escala, para a solução da crise energética da humanidade. Ao trabalhar em projetos concretos, concebidos para encarar desafios reais, os alunos não apenas adquirem os novos letramentos e desenvolvem suas capacidades cognitivas como compreendem de que modo sua aprendizagem lhes servirá em seus objetivos de vida – não apenas como notas no histórico acadêmico.

Essas ferramentas – a integração deliberada dos letramentos e da aprendizagem baseada em projetos conectados ao mundo real – são essenciais para o ensino do modelo de ensino superior à prova de robôs. A única educação completa é aquela que se envolve com o mundo, e, se as aulas forem congeladas no ambiente da sala de aula, perdem o imediatismo. Uma coisa é ouvir uma história contada, outra é se tornar o protagonista. Os seres humanos, ao contrário dos robôs, adquirem sua programação mais profunda por meio dos sentidos, à medida que exploram a plenitude de seus ambientes e de suas vidas. Ao contrário das máquinas, nossa maior professora é a experiência.

4

A diferença experiencial

Quando a Associação Nacional de Transtornos Alimentares (do inglês National Eating Disorders Association – NEDA) encerrou seu serviço de atendimento telefônico na primavera de 2023, um *e-mail* dessa organização sem fins lucrativos afirmou que ela "começaria a adotar o uso expandido da tecnologia assistida por IA para oferecer a indivíduos e famílias um recurso monitorado e totalmente automatizado, Tessa".[1] No entanto, quando a consultora Sharon Maxwell testou a nova tecnologia, ficou surpresa com as respostas. "As recomendações que Tessa me deu [foram] que eu poderia perder de 0,5 a 1 kg por semana, que eu não deveria consumir mais de 2.000 calorias por dia e que eu deveria ter um déficit calórico de 500 a 1.000 calorias por dia", disse Maxwell, relatando conselhos obviamente prejudiciais para pessoas com transtornos alimentares. Em 24 horas, a NEDA desativou o *chatbot*.

As respostas chocantes de Tessa poderiam ter implicações perigosas para qualquer pessoa em risco de transtornos alimentares. Mas o erro da IA generativa não se resumiu à sua fala – a linguagem ofensiva dos *chatbots* não é novidade, pois eles têm um histórico de racismo, sexismo, antissemitismo e teorias da conspiração.[2] Tessa também não cometeu um erro meramente factual. O que aconteceu foi que a IA não conseguiu entender o contexto em que funcionava. Aliás, como poderia? O que um *chatbot* poderia realmente saber sobre um transtorno alimentar? Mesmo com toda a sua sofisticação, os sistemas de IA só conseguem operar com conceitos como "transtorno alimentar" ou "juramento de Hipócrates" como palavras em uma sequência provável de outras palavras. Para eles, a linguagem é um conjunto de pontos de dados, desvinculado das realidades que representa. Apesar de todo o seu poder, a IA tem pouca compreensão do contexto.

No capítulo anterior, argumentei que uma educação em humanística – fundamentada nos três novos letramentos e projetada para promover nove capacidades cognitivas – é uma evolução que vai além do ensino e da aprendizagem tipicamente praticados no ensino superior tradicional. Ao mesmo tempo, um currículo humanístico por si só não garantirá que os alunos permaneçam à prova de robôs por toda a sua vida profissional. À medida que a inteligência artificial avança, os sistemas tecnológicos se tornam cada vez mais sofisticados, superando o desempenho humano em mais e mais tarefas cognitivas. No entanto, eles continuarão a carecer da lente humana a partir da qual vemos a vida – uma lente através da qual aprendemos a interpretar contextos para avaliar, decidir e agir. Os seres humanos possuem essa lente porque aprendemos a partir da experiência contextual e incorporada.

O modelo tradicional de faculdade residencial oferece contextos de aprendizagem valiosos, como o laboratório, o centro acadêmico e a moradia universitária. Ainda assim, ele é, em última análise, limitado pelos muros do *campus*. Para catalisar o domínio das ciências humanas e exercitar a totalidade de nossas faculdades mentais, os alunos precisam de aprendizagem contextual na plenitude do mundo. O modelo educacional ideal é aquele que remove as barreiras entre a sala de aula e a vida, criando um ecossistema de aprendizagem constante e multidimensional. É aquele que faz os alunos mergulharem na aleatoriedade – no acaso e na diversidade da realidade que desvia os cérebros dos estudantes por canais não mapeados. É aquele que lhes dá a chance de improvisar em contextos que nunca encontraram antes, levando-os a interagir, inventar e pensar por si mesmos. Esse modelo é chamado de aprendizagem experiencial, e, quando os alunos humanos estão imersos nele, escapam das restrições de *inputs* predeterminados – ao contrário da IA. Em vez disso, eles se deixam levar pela variedade incalculável de experiências, apreciam a profundidade e as nuances do contexto, libertam-se de sua programação e aprimoram suas mentes.

O que é aprendizagem experiencial?

A aprendizagem experiencial é diferente de muitas formas tradicionais de aprendizagem, pois integra experiências da sala de aula e do mundo real. Ao colocar o estudante no centro do modelo, ela abre os portões do *campus* e transforma o mundo inteiro em uma sala de aula, biblioteca ou laboratório em potencial. Normalmente os alunos se envolvem na aprendizagem experiencial por meio de estágios de longa duração, cooperativas, empregos de trabalho-estudo e experiências globais. No entanto, seus princípios se estendem a qualquer situação que não envolva a absorção passiva de informações. Em outras palavras, se você faz algo fora de um ambiente acadêmico e aprende enquanto faz, você está engajado na aprendizagem experiencial.

Como todos sabemos, a prática leva à perfeição. Mas o poder da aprendizagem experiencial reside no fato de que ela situa a prática em novos contextos. Experiência significa contato e observação de fatos e eventos. Para deixar claro, a aprendizagem ocorre quando pensamos e agimos. A potência da aprendizagem experiencial é grandemente amplificada quando ela integra propositalmente o *self* (eu), as habilidades humanas e o mundo real. Os alunos seguem um processo contínuo de verificação, teste e refinamento de seus conhecimentos, mas não o fazem de maneira aleatória. A integração deliberada é fundamental: deve haver uma via de mão dupla entre a aplicação da aprendizagem em sala de aula no contexto da vida e a aplicação do conhecimento do mundo real no contexto da sala de aula. É um processo de interação constante, que leva à dúvida sobre a teoria e a um profundo questionamento do conhecimento assumido. Quando isso é feito de maneira intencional – quando é feito com atenção plena –, os alunos descascam as camadas de hábito que obscurecem seus *insights* sobre si mesmos. Sob essa luz clara, eles enxergam suas competências, suas habilidades e aprendizados atuais, suas predileções e o espaço para crescimento. Consequentemente, à medida que entendem melhor o mundo, entendem melhor suas próprias mentes.

De muitas maneiras, a aprendizagem experiencial é o motor mais sofisticado da vida para a educação personalizada. Como as experiências dos alunos são moldadas pelos contextos únicos de suas vidas, eles estão aprendendo de maneiras que não estão disponíveis para qualquer IA. Por meio do processo de interação constante, questionamento e adaptação à realidade em mudança, os estudantes fazem conexões inesperadas. Eles encontram inspiração em lugares que jamais imaginariam pesquisar no Google, expandindo músculos criativos e flexibilidade mental. Por meio desse processo, eles se tornam mais resilientes à IA.

Mas como exatamente a experiência e o aprendizado se conectam? De fato, o valor da experiência na educação tem sido debatido há milênios. Alguns pensadores sustentam – assim como eu – que o contexto é um aspecto importante do aprendizado. Enquanto os racionalistas afirmam que a razão por si só é meio suficiente para chegar à verdade sobre realidades imutáveis, os empiristas argumentam que o conhecimento da realidade deve advir de observações incorridas pelos sentidos – em outras palavras, do contexto da experiência.

O educador e filósofo norte-americano John Dewey acreditava que a validade das ideias deveria ser testada em relação à experiência humana, por isso ele defendeu uma forma de educação baseada nessas experiências. Um aluno não é uma folha em branco, escreveu ele. Em vez disso, o aprendiz constrói algo sobre o acúmulo de experiências e conhecimentos anteriores: "O que ele aprendeu em termos de conhecimento e habilidade em uma situação torna-se um instrumento para compreender e lidar eficazmente com as situações seguintes. O processo continua enquanto a vida e o aprendizado persistem".[3]

Em contraste com Dewey, os educadores tradicionalistas rejeitaram a experiência como base do conhecimento, exigindo um retorno à "lógica dos princípios elementares definitivos expressos na lógica de Aristóteles e São Tomás". Dewey considerou essa escolha "tão desvinculada de todas as condições da vida moderna que acredito ser tolice buscar salvação nessa direção". Em vez disso, ele defendeu que a experiência vivida formasse a base de uma educação, com a "utilização sistemática do método científico como padrão e ideal de exploração e aproveitamento inteligente das potencialidades inerentes à experiência".[4] Em outras palavras, ele buscou tirar a educação do contexto da mente fechada e abri-la para a totalidade do mundo.

Dewey e suas ideias sobre educação experiencial inspiraram muitos seguidores. Na década de 1970, os teóricos da educação Ronald Fry e David Kolb deram continuidade às suas noções, articulando "uma estrutura integrativa para a compreensão do processo de ensino-aprendizagem".[5] Eles elaboraram um ciclo de quatro estágios baseado no processo de fazer, verificar, testar e refinar. No primeiro estágio, o aluno começa fazendo – tendo uma experiência imediata e concreta. Isso leva a um segundo estágio, de observação e reflexão. O terceiro estágio é o do pensamento – a formação de conceitos abstratos e generalizações. O estágio final é o do planejamento – o teste das implicações desses conceitos em novos cenários. O ciclo se repete e o aprendizado continua.

Por que a aprendizagem experiencial é eficaz?

Embora a prática aproxime os alunos da perfeição, o mero esforço não é suficiente. Os violinistas não alcançam a virtuosidade simplesmente passando o arco pelas cordas de seu instrumento *ad infinitum*. A aprendizagem eficaz observa uma sequência estruturada, e a ciência da aprendizagem nos diz que, para dominar qualquer assunto complexo, os estudantes devem primeiro adquirir as habilidades necessárias.[6] Em segundo lugar, eles precisam praticar a integração dessas habilidades em determinado contexto. Terceiro, eles precisam aplicar o que aprenderam em diferentes contextos.[7] Assim, por exemplo, pessoas que estudam videojornalismo aprendem primeiro sobre estrutura e composição de uma história, os princípios da narrativa visual, como filmar e editar. Em seguida, elas integram esses componentes entrevistando colegas de turma e produzindo vídeos. Finalmente, os alunos aplicam esse conhecimento estagiando como repórteres em um veículo de mídia movimentado.

O resultado dessa sequência – aquisição, integração, aplicação – é a *expertise*. Podemos pensar no progresso dos estudantes da ignorância à maestria como um avanço através de quatro estágios de desenvolvimento dentro das dimensões de consciência e competência.[8] No primeiro estágio, os alunos são inconscientemente incompetentes. Eles não têm conhecimento para perceber a extensão do que não sabem. No segundo estágio, à medida que a extensão disso começa a se tornar clara para eles e eles entendem que têm muito a aprender, eles avançam para um estado de incompetência consciente. Avançando ainda mais, eles alcançam um estado de competência consciente, no qual podem ter um bom desempenho, mas devem fazê-lo deliberadamente e de modo intencional.

No estágio final, eles alcançam o estado libertador de competência inconsciente, operando de maneira instintiva no nível mais alto em seu domínio. Assim, continuando com nosso exemplo anterior, um grupo de alunos pode se matricular em uma escola de jornalismo sem ter pensado seriamente em técnicas de reportagem. Mas em pouco tempo eles começam a compreender o trabalho envolvido em localizar fontes, buscar registros públicos e conduzir pesquisas de antecedentes. Mais tarde, após semanas de prática, eles são capazes de conduzir uma ideia inicial de história a um *blog* ou artigo totalmente desenvolvido. Finalmente, chega o momento em que eles podem editar uma publicação inteira enquanto produzem uma análise informada da principal notícia do dia.

Para atingir um alto nível de domínio, um jornalista – ou qualquer estudante – deve primeiro observar a sequência mencionada acima: aquisição de habilidades ou conhecimento, integração e aplicação. A aquisição e a integração podem ser realizadas em ambientes acadêmicos. Retornando ao nosso modelo de aprendizagem à prova de robôs (resiliente à IA), os alunos adquirem conhecimento de conteúdo, como os novos letramentos, em sala de aula. Eles os integram por meio de tarefas controladas, por exemplo, a escrita de artigos, a conclusão de projetos ou a condução de experimentos de laboratório. Mas é somente quando os aplicam a um novo contexto que podem realmente alcançar o domínio. É aqui que a aprendizagem experiencial entra em jogo. A aprendizagem experiencial é eficaz porque completa a sequência de aprendizagem em três partes, dando aos alunos a oportunidade de pegar os componentes que integraram e aplicá-los a contextos complexos e vivos.

A aplicação é a etapa final crucial da sequência, e seu princípio operacional é chamado de transferência. A transferência ocorre quando habilidades ou conhecimentos são aprendidos em um contexto e os alunos os aplicam com sucesso em outro. Se os contextos forem semelhantes – digamos, quando os estudantes pegam as ideias que aprenderam em uma aula sobre drama elisabetano e as aplicam a uma aula sobre poesia da Restauração –, a transferência é chamada de transferência "próxima". Os alunos adotaram uma teoria, um conceito ou um conjunto de conhecimentos e os colocaram em prática em uma situação nova, mas não muito diferente. Se os contextos forem amplamente díspares – por exemplo, quando habilidades de pensamento crítico aprimoradas em um seminário de poesia da Restauração são usadas para criar uma campanha de relações públicas para uma empresa de *marketing* –, a transferência é chamada de transferência "distante". Os alunos estão deparando com uma situação totalmente nova, mas são capazes de recuar e entender como – inseridos no contexto – podem usar seu conhecimento para resolver um problema.

Alguns educadores argumentam que a transferência distante é o objetivo final da educação. Afinal, a aprendizagem não tem muita utilidade se sua eficácia se esgota no instante em que sai da sala de aula, ou se só pode ser aplicada a situações muito semelhantes. Mas a transferência distante é difícil de fazer. Estudos têm demonstrado que os alunos raramente demonstram a capacidade de aplicar o aprendizado relevante a situações desconhecidas.[9] Eles podem se ver excessivamente dependentes de contextos familiares e inflexíveis a novas aplicações. Também podem não ter uma compreensão profunda de sua área de atuação, sabendo o "o quê", mas não o "por quê". Isso pode impedi-los de enxergar como seu conhecimento poderia ser utilizado em um ambiente diferente.

Combinar o conhecimento teórico que atravessa contextos com a experiência vivida é a chave para superar essas dificuldades, ajudando os alunos a se tornarem hábeis na transferência.[10] Por exemplo, considere um cenário em que dois grupos de estudantes de administração são solicitados a analisar um estudo de caso de negociação de contrato. O primeiro grupo analisa o caso com base em lições anteriores sobre os elementos de uma negociação bem-sucedida. O segundo grupo tem o mesmo conhecimento, mas, além disso, passa um dia na assembleia legislativa de seu estado, observando os legisladores negociarem não um contrato, mas um projeto de lei que os parlamentares estão tentando aprovar. Pesquisas demonstraram que o segundo grupo de alunos provavelmente demonstrará muito mais aprendizado do que o primeiro. Isso ocorre porque o segundo grupo, tendo presenciado algum tipo de negociação em ação, está mais apto a reconhecer e identificar as características profundas de uma negociação, que são igualmente importantes quer se trate de um contrato ou de uma fatura. Feito isso, esses estudantes podem então vincular o estudo de caso que lhes foi pedido para analisar de maneira mais eficaz para essas características mais profundas.[11]

O modelo residencial como contexto de aprendizagem

A maioria dos estudantes atestaria prontamente que a faculdade ou universidade residencial oferece uma riqueza de contextos e oportunidades experienciais para facilitar a aprendizagem. Afinal, aprender é o primeiro propósito da instituição, e um *campus* residencial é um ambiente particularmente rico para experiências, reunindo uma concentração única de energias criativas, recursos e pessoas.

A pandemia de Covid-19 ressaltou a importância desse fato. Quando faculdades e universidades fecharam suas portas em março de 2020, os estudantes sofreram ao mesmo tempo uma dolorosa perda do senso de comunidade e a redução de sua experiência educacional. Quando muitas de suas instituições reabriram, apesar da ampla adoção do ensino remoto, os estudantes de graduação retornaram em massa aos seus bairros universitários. Sem se deixar abater pelos riscos associados às multidões, eles insistiram em retomar alguma semelhança com a experiência residencial.[12] Os alunos compreenderam inerentemente o valor incomparável de uma comunidade universitária e o poder do contexto.

Embora nem todos os estudantes tenham retornado aos contextos de suas comunidades universitárias com a intenção explícita de cultivar suas capacidades cognitivas, esse foi um resultado inevitável. Primeiro, o modelo de faculdade residencial é uma estufa para a agilidade cultural, reunindo alunos de diversas origens e filosofias. Quando pessoas diferentes se veem todos os dias na sala de aula ou no dormitório, elas não têm escolha a não ser considerar seus pontos em comum e suas diferenças. Como muitos estudantes de graduação cresceram com uma exposição limitada a outras culturas, a importância educacional de um corpo estudantil diverso não pode ser exagerada.

Além das atividades do curso, existem muitas outras maneiras pelas quais os alunos podem atravessar os diferentes contextos da universidade para aprimorar as capacidades essenciais, catalíticas e criativas que discutimos no Capítulo 3. Os membros do corpo docente podem ajudar os estudantes a explorar oportunidades originais de pesquisa além dos requisitos curriculares usuais. Ao gerar novos conhecimentos em contextos fora da sala de aula, os alunos são energizados criativamente e testados quanto à força de seu pensamento crítico e à sua capacidade de resolver problemas. O estudante de graduação cujo nome aparece em uma pesquisa original pode ser inspirado a fazer da descoberta uma carreira gratificante e resiliente à IA.

Clubes e organizações estudantis oferecem metas, projetos e experiência com liderança, conforto com riscos e colaboração. Oportunidades de voluntariado e aprendizagem de serviço fazem o mesmo, com a força adicional de ter consequências reais. Por exemplo, os alunos podem ingressar na seção do *campus* de uma organização nacional de mentoria no primeiro ano, desenvolvendo assim agilidade cultural, mas também letramento humano e habilidades de comunicação. Durante o segundo ano eles podem aprimorar ainda mais o letramento humano atuando como redatores em uma revista estudantil e, em seguida, praticar o pensamento crítico e a colaboração como coordenadores de extensão para o Mês da História Afro-Americana nos Estados Unidos, conectando pessoas do *campus* e da comunidade ao redor. No terceiro ano, eles podem se matricular em uma aula de formação de professores de ioga, que podem transformar em ideias de organização e liderança para um retiro de ioga – um bom exemplo da interseção entre reconhecimento de oportunidades e inovação criativa. A aprendizagem acontece em todos os lugares. O ponto principal é que os alunos estejam cientes e, portanto, reflitam sobre suas experiências.

No entanto, apesar de todas as ricas oportunidades de aprendizagem disponíveis no contexto do *campus*, os alunos precisam migrar para um contexto ainda maior para explorar todo o potencial da aprendizagem. Ao contrário do mapa no conto "Sobre o rigor na ciência", de Jorge Luis Borges, a educação universitária tradicional não se estende ao mundo todo. Para uma educação tão abrangente, precisamos levar a aprendizagem para fora dos limites do *campus*. À medida que a IA continua a mudar nossas vidas e meios de subsistência, é essencial que o façamos.

Por que a aprendizagem experiencial torna você resiliente à IA?

Em uma tarde cinzenta de fevereiro no *campus* da Microsoft em Redmond, Washington, o CEO Satya Nadella subiu ao palco para anunciar o lançamento de um novo produto. "É um momento emocionante na tecnologia", disse ele, em um eufemismo notável. Menos de três meses antes, o ChatGPT havia invadido os dispositivos do mundo e as colunas de opinião dos especialistas em tecnologia e negócios, evocando comparações com a Revolução Industrial, a imprensa e até mesmo o controle do fogo. Agora, Nadella convidava uma plateia de jornalistas para testemunhar o nascimento de uma versão do mecanismo de busca Bing com tecnologia de IA, animada pela mesma tecnologia de modelos de linguagem de larga escala da OpenAI que anteriormente havia impulsionado a mídia a histrionismos como esse. "Isso me lembra, e eu já falei sobre isso antes", acrescentou Satella, "a própria fundação da Microsoft em 1975."

A apresentação que seguiu mostrou argumentos convincentes para clicar no botão de *download*. Executivos demonstraram as novas funções do *chatbot* do Bing, como criar e refinar um itinerário para uma viagem em família ao México, resumir os prós e contras dos aspiradores de pó mais vendidos ou investigar se um sofá de dois lugares específico da IKEA caberia no porta-malas de uma minivan Honda. O *chatbot* até pesquisou e compilou uma análise dos relatórios de lucros da Gap e da Lululemon, duas conhecidas varejistas de moda norte-americanas. Tudo parecia muito impressionante – pelo menos parecia, até que alguém apontou que vários números nas análises financeiras eram inteiramente inventados.[13] Na mesma semana, o Google lançou um GIF promocional para seu *chatbot* de IA, o Bard, no qual o sistema respondia à pergunta: "Sobre quais novas descobertas do Telescópio Espacial James Webb posso contar ao meu filho de 9 anos?". Os observadores rapidamente notaram que uma das respostas do *chatbot* – "As primeiras imagens de um planeta fora do nosso sistema solar" – era simplesmente falsa: as primeiras imagens de um exoplaneta datam de 2004.[14] Cem bilhões de dólares em valor de mercado viraram fumaça instantaneamente.[15]

Qualquer pessoa que tenha experimentado o ChatGPT ou sistemas de IA generativa semelhantes já deparou com o problema das "alucinações". Embora indubitavelmente impressionantes, essas tecnologias estão propensas a afirmar falsidades, inventar citações e, de outra forma, cometer erros e mentir. Observadores da condição humana rapidamente apontarão que as pessoas fazem o mesmo – embora haja uma diferença inata. Ignorância, arrogância, ressentimento – existem infinitas causas para o erro humano, muitas delas mapeadas em nossas fragilidades biológicas. O pecado original da IA, no entanto, pode ser rastreado até seus dados de treinamento. Redes neurais artificiais aprendem processando enormes quantidades de informações com o objetivo de adivinhar os pontos de dados mais prováveis em uma sequência.[16] No caso dos sistemas GPT da OpenAI, isso significou treiná-los em um oceano de conteúdo altamente inconsistente, até mesmo instável, extraído da internet.

Considere um sistema de IA programado para prever a próxima palavra em uma frase. Ele receberia uma enorme quantidade de dados e, inicialmente, sugeriria uma bobagem. Mas, a cada tentativa de prever a próxima palavra, ajustaria as conexões dentro de suas camadas ocultas de nós interconectados, melhorando gradualmente suas previsões e seu desempenho.

Esse processo de aprendizagem difere claramente daquele de uma rede neural biológica, embora o funcionamento de ambos seja misterioso. Nosso conhecimento do cérebro humano está longe de ser completo, e até mesmo alguns dos cientistas da computação que trabalham com IA admitem que não compreendem completamente como alguns de seus processos funcionam – eles simplesmente não conseguem rastrear o que acontece nas camadas de bilhões de conexões de um modelo.[17] Mas sabemos que esse processo resulta em uma máquina de previsão frequentemente impressionante, capaz de extrapolar a partir de quantidades conhecidas. No entanto, ela é totalmente incapaz de "determinar o desconhecido, ou o nunca visto antes".[18] Ao contrário da mente humana, a IA não tem compreensão contextual.

É verdade que isso está começando a mudar. Os sistemas de inteligência artificial enfrentam dificuldades para interpretar contextos porque os sistemas de IA não existem no universo mutável e corporificado. Cada vez mais, no entanto, os sistemas podem usar sensores e robótica para abranger os ambientes digital e físico. Os mais avançados estão sendo treinados em áudio, vídeo e até mesmo em estímulos táteis, operando e aprendendo com as realidades das ruas da cidade, do local de trabalho e do lar. Mas ainda não conseguem vivenciar o sensório da vida humana com seus infinitos contextos situacionais e sociais. E, como não conseguem vivenciar plenamente os contextos sociais e situacionais, ainda não conseguem desenvolver um modelo humano capaz de abranger o mundo.

Vimos que, quando os estudantes colocam seus conhecimentos em prática em contextos da vida real, aprofundam sua *expertise* e aprimoram suas capacidades cognitivas essenciais, catalíticas e criativas. Essas são vantagens valiosas em qualquer profissão, mas qual é o seu verdadeiro valor em uma economia na qual a IA está dominando o *corpus* do conhecimento humano e, em algumas áreas, pode produzir instantaneamente trabalho em nível de pós-graduação? Qual é o valor da cognição humana em uma economia na qual, para muitas tarefas no local de trabalho, "o custo marginal da inteligência" está caindo a zero?[19] De que modo a aprendizagem experiencial confere uma vantagem competitiva sobre a IA generativa?

A resposta é simplesmente esta: enquanto os sistemas de IA atuais permanecem confinados aos domínios da linguagem, dos números e das imagens – aos dados –, os seres humanos operam no mundo, navegando em suas três dimensões por meio dos mecanismos dos nossos sentidos. O modelo de realidade do GPT-4 serve admiravelmente para compor textos complexos, mas ela sempre será limitada pelas entradas de seu conjunto de dados. Da mesma forma que o *campus* universitário mais idílico continua sendo um ambiente de aprendizagem finito, o conjunto de informações no qual uma IA é treinada é necessariamente limitado. Os seres humanos, como todos os seres biológicos, estão inundados pelos dados infinitos da sensação. A incorporação no mundo físico confere uma compreensão dele que nenhuma mente artificial jamais alcançou. Parece improvável que isso mude tão cedo. Os pesquisadores ainda precisam preencher a lacuna entre a nuvem digital e os contextos do mundo infinito – daí as dificuldades de produzir um bom carro autônomo. Embora algumas ferramentas de IA estejam passando no teste de Turing e certos cientistas da computação argumentem que a IA está avançando rapidamente em direção ao horizonte de eventos da inteligência geral, ela também pode ser surpreendentemente ruim em coisas simples que nós, humanos, consideramos certas, como reconhecer corretamente as pessoas com base em seus rostos. Em um experimento notável conduzido pela União Americana pelas Liberdades Civis, uma ferramenta de IA identificou incorretamente fotos de vários atletas profissionais na Nova Inglaterra como criminosos acusados, cujas fotos de identificação haviam sido tiradas.[20] Pior ainda é o infame caso de 2015 do aplicativo Google Fotos, que, devido a dados de codificação racistas, rotulou erroneamente imagens de pessoas pretas como "gorilas". Esse foi um desastre tão constrangedor que, com medo de que a IA sucumbisse novamente ao racismo, muitas empresas de IA desabilitaram seus *softwares* para identificar imagens de primatas.[21] Em julgamentos que envolvem o senso comum elementar – para não mencionar tópicos delicados que abordam raça, preconceito e inclusão –, pessoas em contextos reais já levam uma vantagem insuperável sobre algoritmos.

Existem outras razões instrumentalistas para situar a aprendizagem em contextos reais. A imersão no local de trabalho exercita o pensamento crítico e a resolução de problemas, a comunicação e a colaboração, além da agilidade cultural do estudante. Um ambiente profissional desafiador testará a iniciativa e a autoconfiança do aluno, seu conforto com riscos, sua flexibilidade e adaptabilidade. E, embora alguns sistemas empreendedores de IA generativa possam um dia abrir sua própria consultoria em serviços financeiros ou, sem que ninguém peça, criar um vídeo original que gere cem milhões de curtidas, eles ainda não fizeram isso. O reconhecimento de oportunidades, a inovação criativa e a orientação para o futuro continuam sendo capacidades cognitivas puramente humanas. A aprendizagem experiencial deixa a rédea solta.

A aprendizagem contextual expande não apenas a mente humana, mas também a mentalidade humana, exercitando nossas capacidades catalíticas, como iniciativa, conforto com riscos e adaptabilidade – as mesmas qualidades "à prova de robôs" que a IA não possui. De acordo com a psicóloga Carol Dweck, as pessoas respondem a situações com uma "mentalidade fixa" ou uma "mentalidade de crescimento". A mentalidade fixa é incapaz de encarar contextos adversos como algo além de impedimentos. Nessa mentalidade, as pessoas acreditam que suas capacidades são fixas e imutáveis. Seu pensamento é rígido: ou você é inteligente, extrovertido, bom em matemática, ou não é. Pessoas presas nessa mentalidade tendem a acreditar que as circunstâncias são uma cerca que não pode ser quebrada. Elas acham que grandes artistas, atletas e acadêmicos nascem assim ou têm sorte. É um ponto de vista restrito que, consequentemente, limita o potencial das pessoas.

Uma pessoa com uma mentalidade de crescimento, por outro lado, acredita que pode mudar os contextos em que se encontra – até mesmo o contexto do seu próprio pensamento. As qualidades pessoais são mutáveis. Desse ponto de vista, a adversidade não é um contexto negativo, mas uma oportunidade de aprendizado e aprimoramento. Por exemplo, você pode não ser particularmente extrovertido, mas pode optar por se preparar e se apresentar em um coquetel. Você pode não ser bom em matemática agora, mas pode continuar praticando seus problemas de cálculo.

Mentalidades de crescimento enxergam que talento natural e circunstâncias não são contextos ancorados, mas simples pontos de partida para aprimoramento. Pessoas com uma mentalidade de crescimento têm a convicção de que podem mudar suas habilidades por meio de esforço e diligência. Elas se tornam autossuficientes. Isso é de utilidade óbvia para converter contratempos em sucessos futuros, embora pessoas com essa mentalidade não vejam o sucesso como mera vitória. Para elas, o verdadeiro valor em qualquer contexto é a oportunidade de aprender.

Em outras palavras, a mentalidade de crescimento postula que, em princípio, situações, contextos e o estado da própria aprendizagem não são inerentemente bons ou ruins. Seu valor reside na maneira como pensamos sobre eles. A mentalidade de crescimento é essencial para nutrir o pensamento crítico, pois exige que os estudantes lancem as redes de suas mentes em águas amplas e frequentemente inexploradas. E é a chave para se tornar a pessoa mais resiliente à IA de todas: o aprendiz autônomo e permanente (uma *persona* que exploraremos no próximo capítulo).

Dweck observa que essa mentalidade também é a base de algo mais. “Em um estudo com 143 pesquisadores sobre criatividade”, ela escreve, “houve amplo consenso em torno do ingrediente número um para a realização criativa. E era exatamente o tipo de perseverança e resiliência produzida pela mentalidade de crescimento.”[22] De fato, já vislumbramos isso em nossa discussão anterior sobre pensamento divergente *versus* convergente. As questões que surgem, então, são: como ensinar os alunos a identificar quando estão presos em uma mentalidade fixa, girando em círculos, e que tipo de estímulo mental os levará de volta para o caminho da mentalidade de crescimento?

Instruções dadas em sala de aula podem ajudar. Evidências mostram que simplesmente apontar a ideia de mentalidades para os alunos os compele a percebê-la e a se esforçar para mudar. Mas, para realmente exercitar a mentalidade de crescimento e desenvolver a criatividade dos estudantes, eles precisam experimentar usá-la. Eles precisam aprender fazendo.

A experiência é o catalisador para os aspectos suprarracionais da aprendizagem. Ao vivenciar diferentes situações e contextos, despertamos nossas emoções, desafiamos nossas crenças e testamos a estrutura de nossas mentes. Esses elementos quase subconscientes do pensamento estimulam nossas mentes a crescer – e esses elementos subconscientes não foram imitados por redes neurais. O aprendizado profundo em IA funciona por meio do reconhecimento de padrões em dados. A aprendizagem experiencial em humanos funciona por meio da exposição a todo o universo de contextos. Os resultados são tão complexos e incalculáveis quanto os efeitos de uma tempestade em uma floresta ou o fluxo de água no leito de um rio.

Aprendizagem cooperativa

Para estudantes universitários, uma das formas mais diretas de aprendizagem experiencial é a educação cooperativa. Colocando o aluno no centro do modelo, essa forma de educação alterna o aprendizado em sala de aula com a imersão sustentada e em tempo integral no ambiente de trabalho profissional, integrando os dois. "Co-op", como é frequentemente chamada, é uma abordagem com uma longa história em instituições de ensino superior. Começou com uma ideia de Herman Schneider, arquiteto, engenheiro e educador que instituiu o modelo logo após ingressar no corpo docente da Universidade de Cincinnati, em 1903. Alguns anos depois, a universidade que lidero, a Northeastern, adotou o modelo. Com o tempo, as universidades cooperativas desenvolveram uma arquitetura institucional robusta para apoiar essa forma de aprendizagem, integrando-a aos departamentos e currículos acadêmicos. Estabelecer e manter esses sistemas não é uma tarefa fácil.

O modelo cooperativo da Northeastern se baseia em mais de um século de cultivo deliberado, avanços na ciência da aprendizagem, tentativa e erro, acaso e trabalho árduo. Quando começou, na primeira década do século XX, proporcionou experiência profissional a mecânicos de automóveis e engenheiros elétricos iniciantes. Hoje é um modelo completo de aprendizagem experiencial que inclui parcerias com aproximadamente 3 mil empregadores em quase 150 países ao redor do mundo – incluindo um estágio ocasional na Antártida.

Esse caráter global é fundamental para o sucesso do programa. Acreditamos que a melhor maneira de educar os estudantes para que compreendam o mundo – e, em última análise, o transformem – é imergi-los nele. Assim, oferecemos aos alunos oportunidades de viver, aprender e adquirir experiência profissional na maior variedade possível de países, empresas e instituições. Ao imergir em diferentes culturas, provar seu valor em diferentes cenários profissionais e enfrentar diferentes problemas, desafios e compreensões de questões sociais, nossos alunos vivenciam uma interação constante entre seu conhecimento teórico e a experiência vivida. Eles questionam o que acham que entendem, formando uma concepção mais profunda do mundo, das disciplinas que estudam e de si mesmos. Identificam o que gostam e o que não gostam, descobrem em que são bons ou não e compreendem melhor a diversidade da família humana e da experiência humana. Quando retornam à universidade após os estágios, aplicam tudo isso ao seu aprendizado acadêmico subsequente.

As *co-ops* geralmente duram seis meses, após os quais os estudantes retornam ao ninho acadêmico. Como a maioria dos alunos de graduação da Northeastern conclui vários estágios, o programa precisa abranger uma ampla variedade de áreas de estudo. Alguns estudantes buscam estágios que se aproximem das disciplinas que estão cursando, como o aluno de administração que faz estágio em uma empresa de serviços financeiros. Outros procuram estágios que estejam na vanguarda de suas áreas, como o aluno de ciências da saúde que busca um estágio em um centro médico que esteja implementando um modelo de atendimento de "medicina personalizada". Outros ainda buscam estágios que estejam longe de sua área de atuação, como estudantes de *design* que fazem um estágio cooperativo com a Nasa. Eles podem fazer isso por pura curiosidade e amor pelo aprendizado, ou porque têm uma ideia interessante sobre como sua disciplina e o foco do estágio cooperativo podem se inter-relacionar.

O processo de pesquisar, participar de entrevistas e realizar um estágio cooperativo ajuda muitos alunos a decidir o que desejam estudar ou seguir profissionalmente. Outros decidem, após concluir um estágio cooperativo em determinada área, que a área que pensavam que queriam estudar ou seguir como carreira na verdade não é para eles. Outros estudantes são empreendedores em ascensão que usam os estágios cooperativos para entender a área na qual desejam abrir um negócio – e fazem exatamente isso após a conclusão do estágio cooperativo.

A maioria das universidades mantém um escritório de serviços de carreira que os estudantes procuram um ou dois anos antes da formatura. Para os alunos da Northeastern, a vida profissional geralmente começa no segundo ano, quando a faculdade lhes designa um coordenador de estágio particular. Formados a partir de uma extensa rede de funcionários dedicados, os coordenadores desempenham uma função tripla. Primeiro, eles oferecem mentoria, ajudando os alunos a buscar estágios que se alinhem aos seus interesses e ambições de carreira, determinem os resultados da aprendizagem no trabalho e reflitam produtivamente sobre as experiências após a conclusão. Os alunos devem se candidatar e ser aceitos em um estágio, e nem todos são aceitos para as vagas às quais se candidatam. Isso por si só se torna uma experiência de aprendizado para os estudantes avaliarem e refletirem enquanto se preparam para se candidatar a outra oportunidade.

Em segundo lugar, os coordenadores cultivam relacionamentos com parceiros empregadores, que vão desde empresas da Fortune 500 até *startups* em busca de uma única contratação, colaborando com eles para garantir que o estágio seja uma experiência significativa e de alta qualidade para os estudantes. Da mesma forma, eles garantem que os alunos agreguem valor aos empregadores, definindo as entregas e os resultados que a empresa ou organização busca do estagiário. Um desempenho ruim de um aluno despreparado pode prejudicar as oportunidades para futuros estágios, então os coordenadores tentam estabelecer as bases para um resultado bem-sucedido.

Por fim, os coordenadores ministram uma aula preparatória que orienta os alunos inexperientes para sua estreia profissional. Tendo se adaptado à vida universitária e estabelecido conhecimentos básicos em suas disciplinas durante o primeiro ano, os alunos do segundo ano precisam desenvolver habilidades práticas, como redigir um currículo e passar por uma entrevista, aprimorar seus interesses e objetivos de carreira e desenvolver estratégias de busca de emprego. Os exercícios em sala de aula também os expõem aos princípios da aprendizagem consciente, para que ingressem em um estágio com a mentalidade aberta. A ideia é que os estudantes encarem o ambiente profissional de um estágio com uma visão clara de como suas experiências se conectarão com o aprendizado em sala de aula, bem como uma ideia consistente a respeito do que desejam alcançar.

As novas vagas para cooperativas são publicadas em uma plataforma pesquisável, com os alunos se candidatando por meio do processo usual de cartas de apresentação e entrevistas. Depois que os estudantes encontram uma boa opção, os coordenadores das cooperativas trabalham com eles para delinear as responsabilidades exatas do cargo e os objetivos de aprendizagem. Ao aplicar o aprendizado em sala de aula às tarefas do local de trabalho, os alunos das cooperativas praticam repetidamente a transferência de aprendizagem, consolidando suas capacidades cognitivas – essenciais, catalíticas e criativas. Além disso, eles vivenciam as consequências tangíveis de suas ações. Em um ambiente de sala de aula, a falta de preparo ou a incapacidade de pensar três passos à frente pode resultar na reprovação em um teste ou em um experimento malsucedido. No local de trabalho, isso pode prejudicar os resultados financeiros, sem falar na vida e na carreira adulta.

Ao concluir o semestre letivo, os alunos retornam ao *campus* para compartilhar as experiências de vida, aprendizagem e trabalho em suas cooperativas com os colegas, escrevendo redações nas quais analisam suas experiências e trazendo suas histórias para grupos de discussão. Essa reflexão é um componente essencial do modelo. Ela ajuda os alunos a integrarem deliberadamente o que aprenderam no ambiente profissional, bem como em sua imersão mais ampla no mundo, aos estudos em sala de aula e à vida no *campus*.

Em última análise, um programa cooperativo é tão diferente de um estágio quanto um poema narrativo é de um haicai. O modelo cooperativo coloca os alunos no centro de um aprendizado profundo e sustentado, atribuindo-lhes um propósito. Após um programa cooperativo, os estudantes compreendem melhor suas disciplinas acadêmicas, os ritmos e as nuances do ambiente de trabalho profissional e a parte do mundo em que viveram e trabalharam. Mais importante ainda, eles se compreendem melhor.

Existem também evidências empíricas convincentes de que os programas cooperativos ajudam os alunos a desenvolverem uma ampla gama de habilidades de nível superior que os tornam mais resistentes à IA. Há vários anos, a Northeastern conduziu uma pesquisa com base em dados científicos com mil empregadores em 25 setores, incluindo manufatura, ciência e tecnologia, finanças e seguros. Alguns empregadores haviam contratado recém-formados pela Northeastern (todos com formação em programas de estágio), enquanto outros não.

Em seguida, perguntamos aos empregadores sobre suas percepções a respeito das habilidades dos recém-formados. Os resultados foram esclarecedores e demonstraram amplamente o poder da aprendizagem experiencial. Por exemplo, em um espectro de nove habilidades de nível superior – incluindo pensamento crítico, raciocínio analítico, resolução de problemas, obtenção e processamento de informações e trabalho com grupos diversos –, os empregadores avaliaram os graduados da Northeastern notavelmente acima dos egressos de outras faculdades e universidades. Da mesma forma, em uma gama de onze atributos adicionais – incluindo liderança, iniciativa, trabalho em equipe, flexibilidade, disposição para aprender e criatividade –, os empregadores novamente classificaram os recém-formados de nossa universidade bem à frente daqueles que presumivelmente não tiveram o benefício de programas de cooperação ou outras oportunidades de aprendizagem experiencial. Todas essas diferenças foram estatisticamente significativas.[23]

Não surpreende, portanto, que os empregadores sejam totalmente a favor de modelos de cooperação e aprendizagem experiencial no ensino superior. Uma pesquisa recente com empregadores membros da Associação Nacional de Faculdades e Empregadores (National Association of Colleges and Employes – NACE) indicou que os empregadores estão extremamente preocupados em "identificar talentos precocemente por meio de estágios e programas de formação cooperativa", com 94,9% indicando isso como "muito" ou "extremamente" importante.[24] Além disso, em um estudo nacional conduzido pela Northeastern com executivos de alto escalão e líderes empresariais, quase metade relatou que aprender novas habilidades e competências relevantes para o setor é a coisa mais importante que os novos funcionários devem fazer em seus primeiros cinco anos de trabalho.[25] Consequentemente, modelos de aprendizagem como os programas de formação cooperativa, que iniciam esse processo antes que a pessoa ingresse na força de trabalho profissional em tempo integral, conferem uma vantagem significativa.

É claro que, como aconteceu com todos os modelos de aprendizagem presencial, a pandemia de Covid-19 interrompeu severamente os programas de formação cooperativa. Durante a crise, muitas vagas para estudantes passaram a ser totalmente remotas. Algumas desapareceram e nunca mais retornaram, enquanto novas oportunidades surgiram. Tendo vivido muitos anos de aprendizado remoto e híbrido em seus estudos, os universitários de hoje se sentem extremamente confortáveis trabalhando em ambientes digitais. No caos do início de 2020, muitos alunos de programas cooperativos lideraram seus locais de trabalho na transição para formatos remotos e híbridos, ultrapassando de longe seus antecessores na adoção das novas tecnologias.[26] Essa facilidade com as mudanças tecnológicas será útil para eles à medida que a economia se adapta à IA generativa.

O próprio modelo cooperativo também se mostrará cada vez mais valioso. Com a introdução de *chatbots* de IA no fluxo de trabalho diário, tarefas que exigem raciocínio e comunicação complexos exigirão menos esforço e mão de obra do que no passado, impulsionando a produtividade dos funcionários. Como resultado, os empregadores darão menos ênfase à posse de habilidades e maior importância ao conhecimento de como implantá-las de forma mais eficaz para fins de tomada de decisão, estratégia e relacionamentos – áreas nas quais a experiência importa muito. Ao reduzir efetivamente a lacuna de habilidades dessa forma, a IA provavelmente terá o efeito de aumentar a lacuna de experiência.

Isso terá consequências profundas para os empregos de nível básico. Munidos da IA, os funcionários juniores se concentrarão em trabalhos de nível superior e de maior valor. Portanto, será esperado que os candidatos aprovados para essas posições já tenham experiência, ascendendo dos degraus mais baixos da carreira. Já estamos vendo isso acontecer no mercado de trabalho. Mesmo antes da chegada da IA generativa, mais de 43% dos empregos de nível básico em finanças exigiam pelo menos três anos de experiência prévia. Em *software* e serviços de TI, a porcentagem era superior a 60.[27] Como veículo para adquirir *expertise* no setor, as cooperativas serão ainda mais essenciais.

A Northeastern se beneficiou ao adotar uma estrutura que nossos antecessores estabeleceram há um século como abordagem básica de aprendizagem aplicada e aprimorá-la para um modelo global de aprendizagem experiencial que oferece um nível único de amplitude e profundidade para os alunos. Mas todas as faculdades e universidades têm a oportunidade de alavancar elementos da aprendizagem experiencial.

Experiências de empreendedorismo fazem isso especialmente bem porque produzem resultados mensuráveis. Nas condições certas, o empreendedorismo pode ser totalmente integrado à vida universitária, expandindo significativamente seu alcance educacional. Um estudo mostrou que, no local de trabalho, os colegas influenciam uns aos outros para identificar oportunidades e agir de acordo com elas. Quanto mais empreendedores você tiver trabalhando juntos em um escritório, maior a probabilidade de seus colegas serem contagiados por isso.[28] Um estudo com ex-alunos da Universidade de Stanford descobriu que aqueles "que têm experiências profissionais e educacionais variadas têm muito mais probabilidade de abrir seus próprios negócios do que aqueles que se concentraram em uma função no trabalho ou em uma disciplina na escola".[29]

Para cultivar uma cultura empreendedora, faculdades e universidades precisam oferecer aos alunos ampla escolha de experiências e ampla exposição a diferentes ideias. Elas estão em uma posição única para fazer isso, combinando os recursos da programação acadêmica, vida residencial, grupos de estudantes e redes de ex-alunos. Além disso, as universidades têm a oportunidade de aproveitar o considerável interesse dos alunos em buscar empreendedorismo social e empreendimentos socialmente conscientes. Incubadoras de empreendimentos administradas por estudantes, como a IDEA, da universidade que lidero, podem guiar os alunos pelo processo abrangente de abertura de *startups* – desde a geração de ideias por meio do planejamento, passando pelo desenvolvimento, investimento e implementação de negócios.

Considere um jovem engenheiro e empreendedor que tem uma ideia para um revestimento especial que protege dispositivos médicos implantáveis – e as pessoas que os possuem –, repelindo bactérias. O aluno a leva para a incubadora de empreendimentos, onde colegas da bioquímica o ajudam a avaliar as interações biológicas que o revestimento manteria com o dispositivo e com o tecido humano. Colegas da escola de negócios podem ajudar o aluno a pesquisar o mercado para o produto e a implementar um plano de negócios, enquanto alunos de *design* podem ajudar a desenvolver a marca do produto. O estudante também pode se conectar com mentores ex-alunos das comunidades de ciências da saúde e capital de risco, que oferecerão conselhos sobre lançamento de produtos, liderança ou até mesmo apoio financeiro. Enquanto isso, o corpo docente oferece supervisão e aconselhamento da perspectiva acadêmica.

Experiências globais também aproveitam a riqueza educacional que acompanha uma mudança radical no contexto de aprendizagem do estudante. Ao se afastar do ambiente controlado do *campus* e adentrar o turbilhão de uma realidade mais ampla, o aprendizado experiencial do aluno se intensifica. Igualmente importante, a interação e a observação constantes de pessoas de diferentes culturas ensinam agilidade cultural. Isso proporciona aos alunos conhecimento específico da cultura, bem como prática na leitura de contextos, ponderação de respostas e aprendizado da melhor forma de integrar, adaptar ou desviar de uma situação com tato. Por exemplo, um estudante que passa seis meses trabalhando para um banco de Nova York pode aprender sobre finanças internacionais, mas se trabalhar para um banco em Hong Kong também aprenderá a negociar no terreno desconhecido da política de escritório chinesa, a fazer compras de supermercado, a interagir com pessoas que falam cantonês e a pegar o Star Ferry para Kowloon. Mergulhando profundamente nesses contextos desconhecidos, eles exercitarão a flexibilidade mental e a resolução criativa de problemas.

Educação cooperativa em ação

Para ter uma noção de como a aprendizagem cooperativa e experiencial se traduz no desenvolvimento de habilidades à prova de IA em termos humanos, considere o exemplo de Jackie, recém-formada pela Northeastern, graduada em ciências ambientais com especialização em práticas comerciais sustentáveis e relações internacionais. Após uma aprendizagem cooperativa inicial pesquisando investimentos para o Centro de Energia Limpa de Massachusetts, ela trocou planilhas contábeis e PowerPoints pelos ancinhos e pás de uma fazenda de permacultura na Costa Rica. "Era muito, muito rural", diz Jackie, que cresceu na cidade de médio porte de Yonkers, Nova York. "Havia talvez setenta pessoas nas três cidades ao nosso redor."[30]

Jackie se viu em uma equipe internacional encarregada de replantar uma encosta não cultivada. "Grande parte disso consistiu em descobrir como trabalhar em conjunto com as pessoas para elaborar um projeto", diz ela. Em colaboração com os membros de sua equipe, Jackie criou um plano de cultivo intercalar usando plantas como cúrcuma e capim-limão, que funcionavam em simbiose para evitar o esgotamento do solo – uma metáfora adequada para sua cooperativa. "Foi valioso para aprender a dinâmica interpessoal", diz ela. "Resolução de conflitos com as pessoas com quem você vive e trabalha."

Na aprendizagem cooperativa seguinte, com uma empresa de energia solar, Jackie aplicou sua agilidade cultural à tarefa de reunir as partes interessadas – empresas de serviços públicos, proprietários de terras, conselhos de licenciamento e planejamento urbano, advogados – para trabalharem juntos em projetos solares. "Houve muita construção de comunidade, comunicação e construção de relacionamentos." Ela descobriu que sua experiência na Costa Rica a ajudou a ter empatia com os agricultores preocupados com a possibilidade de os novos painéis solares interferirem em suas operações. "Quando está na posição de um empreendedor, você está defendendo que o projeto seja o maior ou o mais denso possível para produzir o máximo de energia." Os agricultores, no entanto, estavam preocupados com o tamanho do equipamento, que poderia arruinar sua colheita de morangos. "Eu sabia do que eles estavam falando", diz Jackie. "Isso me ajudou a ser mais flexível e criativa."

Flexibilidade, adaptabilidade e criatividade são as marcas registradas do empreendedor, assim como iniciativa e autossuficiência. Bennett, formado em ciência da computação e finanças, usou todas essas capacidades para criar sua própria empresa de aprendizagem cooperativa. Com a ajuda do corpo docente da Northeastern, ele e outro aluno abriram uma *startup* que oferecia campos de treinamento educacional para estudantes e talentos em meio de carreira que buscavam trabalhar "na Web 3.0 ou em diferentes empresas de tecnologia", diz ele. "Era basicamente uma empresa de educação que terceirizava. Os *bootcamps* eram, digamos, programas de seis a oito semanas que colocavam as pessoas em diferentes funções."[31] Em pouco tempo a empresa estava gerando uma receita considerável, diz Bennett. Estava gerando, até que as tecnologias de IA generativa surgiram.

"Infelizmente, nosso negócio foi engolido pela IA", diz Bennett. "Empresas maiores simplesmente automatizaram tudo o que fazíamos com professores presencialmente pelo Zoom." Adaptabilidade é, obviamente, uma capacidade cognitiva valiosa, assim como o reconhecimento de oportunidades. Assim, para seu próximo estágio, Bennett retornou ao empreendedorismo, mas desta vez com um estúdio de capital de risco, desenvolvendo conteúdo e *marketing on-line* usando *chatbots* de IA.

Mackenzie, formada em ciências políticas e relações internacionais, também praticou sua flexibilidade mental e adaptabilidade durante um estágio com o Projeto de Reportagem sobre Crime Organizado e Corrupção na Bósnia-Herzegovina. Designada para monitorar as notícias diárias nos Bálcãs e em outras partes da Europa e Ásia Central, ela procurava por histórias que se encaixassem na missão anticrime da organização. Se encontrasse um caso interessante, poderia ser encarregada de escrever um resumo sobre ele. Mas primeiro ela precisava pesquisar sua veracidade – uma tarefa nem sempre simples quando se fala com pessoas de contextos de diferentes culturas. "Com a internet, você nunca sabe realmente em que pode confiar", observa Mackenzie – apontando implicitamente um impedimento fundamental da IA. "Esperavam que eu ligasse para agências de notícias e dissesse: 'Oi, alguém na sua organização fala inglês, e você poderia me dizer o que aconteceu?'."[32]

Uma mente mecânica – ou seja, o Google Tradutor – ajudava Mackenzie em seu trabalho. Mas não conseguia ajudá-la a determinar se uma história era verdadeira ou uma invenção completa. Um sistema de IA poderia facilmente agregar notícias, traduzi-las e oferecer contexto e análise, mas teria dificuldade em avaliar seu mérito. Nesse aspecto importante, Mackenzie tinha uma vantagem competitiva.

"É preciso ter cuidado, porque, se você interpretar algo errado, repeti-lo e depois espalhar a mentira, perderemos credibilidade", diz ela. "Além disso, é ilegal difamar alguém." No momento em que escrevo, essa mesma ideia está sendo posta à prova em uma investigação da Comissão de Comércio Justo (Fair Trade Commission – FTC) dos Estados Unidos para verificar se o ChatGPT coloca a reputação das pessoas em risco ao gerar declarações falsas ou enganosas. A experiência de Mackenzie ressalta a importância do letramento em dados, mas também da aplicação do pensamento crítico à nossa dieta diária de informações. Essa é uma tarefa reconhecidamente assustadora. Basta olhar para os nossos *feeds* de mídia social para perceber que os seres humanos têm uma compreensão escorregadia dos fatos empíricos. Com a tecnologia de *chatbots* e as maldades de pessoas mal-intencionadas, estamos entrando em uma nova era sombria de notícias falsas, *spam* e propaganda.

A educação visa conferir bom senso. Praticando a agilidade cultural, adquirimos *insights* e sabedoria ao vivenciar novas culturas e situações, e aprimoramos o senso de nuance e relatividade necessários para isso. Uma mentalidade receptiva e adaptável também é fonte de empatia – um bem muito necessário em tempos de mudanças implacáveis e aceleradas. Por exemplo, Mary, formada em finanças e ciências políticas, passou cinco semanas na Suíça, nas Nações Unidas, em Genebra, estudando diplomacia do desarmamento. "Conheci muitos embaixadores na ONU, de muitos países diferentes", diz ela. "Gente que trabalha para criar regulamentação sobre o uso de minas ou a limpeza de minas em lugares como o Camboja, que têm problemas terríveis com pessoas que ainda têm pernas ou braços arrancados por causa de minas que estão lá há décadas."[33]

A imersão de Mary nessas questões difíceis a levou a realizar um projeto de pesquisa sobre direitos humanos, direito internacional e o uso de armas robóticas autônomas. "Não há nenhum humano interagindo de fato com a decisão de puxar o gatilho para outro humano, e [não há] nem mesmo sistemas de verificação. Estudar isso foi uma experiência realmente esclarecedora." Ao conhecer pessoas de lugares diretamente afetados por tragédias que muitas vezes são encontradas apenas em *feeds* de notícias, Mary teve inspiração para se aprofundar em assuntos de enorme complexidade jurídica e com nuances morais. Ela explorou a ideia de que, enquanto alguns de nós se preocupam com a tecnologia ameaçando nossos meios de subsistência, outros nutrem um terror genuíno pela IA pesando a balança da vida ou da morte.

Os usos éticos da tecnologia também eram uma prioridade para o estudante de graduação em engenharia Smeet. Em seu primeiro estágio, trabalhando em combustores de motores a jato militares para a General Electric, ele seguiu o caminho estabelecido de um engenheiro de produção. A experiência lhe ensinou que seus verdadeiros interesses estavam nos campos abertos do projeto mecânico, então ele trocou de área para um segundo estágio, trabalhando em uma equipe de piloto automático e desenvolvimento de produtos na Tesla. Embora tenha estudado ética em sua turma de calouro, "Pedra Fundamental da Engenharia", foi durante seu tempo em Palo Alto que ele se envolveu pessoalmente com as questões levantadas pela inovação tecnológica. "A ética foi muito abordada, especialmente à medida que buscavam mais programas de direção autônoma e robótica", diz ele.[34] "Quando a Tesla lançou o caminhão, houve muitas conversas do tipo: 'Existe uma quantidade muito grande de caminhoneiros nos Estados Unidos. A automatização será uma mudança enorme para o setor. Isso é do melhor interesse da empresa? Do melhor interesse do país? Do melhor interesse das pessoas em geral?' Esse tipo de questão era levantado em reuniões trimestrais."

O tempo de Smeet na Tesla o encorajou a reavaliar seu caminho mais uma vez. Exercitando as capacidades cognitivas da inovação criativa e orientação para o futuro, ele avaliou seu compromisso em "impulsionar o mundo para ser um lugar mais limpo e seguro para todos" em comparação com sua paixão pela descoberta e "por que escolhi a engenharia, em primeiro lugar. Muitos engenheiros estão focados na missão da sustentabilidade e em impulsionar a humanidade para o futuro". Agindo nesse exercício de autoconhecimento, ele decidiu se matricular em várias aulas de física e realizou um estágio de pesquisa no Centro de Ciência e Fusão de Plasma do MIT.

Avaliando a experiência

Seja por meio de experiências cooperativas, globais ou extracurriculares, a aprendizagem experiencial no ensino superior visa quebrar as barreiras entre a sala de aula e o resto da vida. A aprendizagem acontece em todos os lugares, portanto os educadores devem ajudar os alunos a crescerem a partir de suas experiências, onde quer que elas ocorram. Para isso, precisamos considerar como os estudantes podem transformar oportunidades de aprendizagem implícitas, até mesmo inconscientes, em resultados de aprendizagem explícitos.

Uma maneira de fazer isso é mapear o crescimento dos alunos à medida que eles avançam no ecossistema de aprendizagem. Isso significaria que as notas em sala de aula seriam apenas uma faceta da avaliação do desenvolvimento. Os educadores também acompanhariam o progresso dos alunos em seus novos letramentos e capacidades cognitivas, onde quer que as praticassem. Um estudante que se voluntaria como mentor para meninas carentes, por exemplo, tem a oportunidade de aumentar significativamente seu letramento humano e agilidade cultural. Se publicar artigos em uma revista do *campus*, poderá aprimorar seu pensamento crítico e criatividade. Ao longo de todo o período na faculdade, cada aula, atividade e experiência têm a possibilidade de contribuir para a contagem de seu desenvolvimento geral.

Tanta aprendizagem ocorre nas particularidades da existência diária que pode parecer inútil tentar quantificá-la. Os educadores podem registrar os programas de cooperação dos alunos, viagens ao exterior e até mesmo suas aulas de ginástica, mas não vão acompanhá-los 24 horas por dia, e é difícil imaginar uma avaliação da aprendizagem dos alunos em todo o ecossistema de aprendizagem. E quanto ao evento político inspirador a que eles comparecem no centro acadêmico? Ou o debate sobre regulamentação empresarial e ambiental que irrompe depois de uma pizza na sala de estar de um dormitório? Essas também são experiências de microaprendizagem, e os alunos podem se beneficiar ainda mais delas se estiverem cientes de sua aprendizagem à medida que ela ocorre, lembrando-se de refletir sobre as lições aprendidas posteriormente. Como um exercício de reflexão após a conclusão de seus programas de cooperação, os alunos de humanidades e ciências sociais da Northeastern criam cartazes explicando a missão de seus empregadores, suas responsabilidades profissionais, as habilidades que praticaram e os *insights* que adquiriram com suas experiências. Então, esses cartazes são exibidos e celebrados em uma exposição anual.

O maior professor é a própria vida. Por meio de abordagens inovadoras, as universidades podem encontrar novas maneiras de aproveitar esse poder. Assim, nossos graduados estarão prontos para todos os desafios da vida.

Aprendizagem experiencial para a vida

Neste capítulo, exploramos o fato de que uma educação em humanística catalisada pela aprendizagem experiencial é o caminho mais seguro para um futuro à prova de robôs e IA. Mas resta o fato marginal com o qual este livro começou: os sistemas de inteligência artificial estão mudando a forma como trabalhamos e vivemos. As máquinas estão avançando e ganhando velocidade.

Assim como nossos dispositivos exigem atualizações periódicas de *software*, nossos cérebros biológicos também. Uma consequência fundamental do progresso tecnológico é que as pessoas precisam mudar sua crença de que o ensino superior é algo que ocorre em apenas um ou dois momentos cruciais da vida para a compreensão de que é um processo que dura a vida toda.

Alguns alunos têm muito tempo e pouca experiência, então podemos alcançá-los por meio dos métodos articulados neste capítulo. Outros têm pouco tempo, mas muita experiência, então temos que criar oportunidades de aprendizagem dentro de suas carreiras e das instituições existentes. As realidades de nossa época exigem que redefinamos nossa noção do que significa ser um aluno e um ex-aluno. Para tanto, as universidades devem se basear na arquitetura existente do ensino superior, criando um novo modelo de aprendizagem ao longo da vida, que vai além do escopo das aulas *on-line* e dos programas pós-laborais atuais.

O ensino superior, como todos nós, terá que se adaptar.

5
Aprendizagem para a vida

Em *Um estudo da história*, o historiador britânico Arnold Toynbee argumenta que as civilizações, assim como os indivíduos, prosperam quando respondem aos desafios com respostas criativas e são bem-sucedidos. Diante de uma população crescente e com meios de subsistência limitados, a Atenas antiga evitou a revolução desenvolvendo o comércio mercantil e instituições democráticas.[1] Mas as rodas do progresso escorregam de seus eixos quando uma civilização para de responder a novos desafios de maneira criativa. Após enfrentar as consequências da Guerra do Peloponeso, a democracia ateniense não conseguiu encontrar resposta para a ascensão da Macedônia, e Atenas deixou de ser uma potência independente. Sem inovação, uma sociedade mergulha na decadência e, por fim, na ruína.

O argumento de Toynbee é o de que o declínio é essencialmente um fracasso cultural – uma estagnação intencional que ele caracterizou como "criatividade sufocada". A história está repleta de fósseis de sociedades que – como os dinossauros ou o dodô, um pássaro já extinto – foram incapazes de se adaptar às circunstâncias. Levando adiante as advertências de Toynbee, o historiador Jared Diamond descreve como as sociedades, tais quais os assentamentos *vikings* na Groenlândia, se apegaram a hábitos culturais diante de mudanças climáticas desastrosas. Apesar dos invernos rigorosos, elas não conseguiram se reinventar e se deixaram afundar no registro arqueológico.[2]

As faculdades e universidades modernas estão entre as expressões mais completas da cultura humana que já floresceram. Como terrenos férteis para o cultivo da mente, elas não têm precedentes; como estufas de conhecimento, elas não têm igual. Elas são talvez as instituições mais eficazes para o avanço intelectual já desenvolvidas pela humanidade. No entanto, se as faculdades e universidades não puderem responder criativamente aos desafios que enfrentam, elas também se tornarão irrelevantes.

A universidade hoje é um motor ideal para oferecer uma forma padronizada de ensino superior em um período definido. É um mecanismo estruturado para oferecer acesso profundo mas, às vezes, despersonalizado ao conhecimento. Sua cultura é moldada pelos objetivos e formas desse mecanismo, impulsionada por departamentos disciplinares, cursos e faculdades. É muito boa no que faz. O problema é que, no século XXI, e à luz da ascensão da inteligência artificial, precisamos que ela faça mais.

Nos capítulos anteriores, argumentei que a inteligência artificial está revolucionando a economia global e, portanto, está pronta para perturbar todos os outros aspectos da sociedade. Se nossos caminhos para trabalho, prosperidade e bem-estar se bifurcam em novas direções, então, por extensão, a educação deve segui-los. Portanto, as universidades têm a oportunidade de responder às realidades em mudança, aprimorando seus currículos, mas também adaptando seus mecanismos. Elas têm a chance de atualizar seus componentes estruturais. Em outras palavras, podemos – e talvez devêssemos – desmontar o motor da universidade, reduzindo-o à sua estrutura, e reconstruí-lo.

Se o ensino superior quiser continuar sua missão de servir os indivíduos e a sociedade, somos obrigados a pegar a chave inglesa e a chave de fenda. As mudanças demográficas nos Estados Unidos e em vários países ao redor do mundo ameaçam, se não esgotar o número de alunos de graduação, pelo menos reduzi-lo consideravelmente.[3] Simultaneamente, o mundo está envelhecendo: até 2030, uma em cada seis pessoas no planeta terá 60 anos ou mais.[4] Como acontece com todas as mudanças, isso representa ao mesmo tempo um desafio e uma oportunidade. Embora a perda de alunos de 18 anos possa esvaziar as salas de aula universitárias, a massa adulta levará vidas produtivas até a terceira idade. Além de se concentrar em servir as pessoas durante os quatro anos iniciais da vida adulta, com talvez um período adicional de estudos de pós-graduação, as universidades terão que encontrar maneiras de atender às necessidades desses cidadãos ativos – e, portanto, dos alunos que continuam estudando.

De acordo com as descobertas de 2023 do Laboratório de Requalificação Digital da Harvard Business School e do BCG Henderson Institute, a meia-vida média das habilidades profissionais é inferior a cinco anos.[5] Em alguns campos da tecnologia, ela não passa de dois anos e meio. Os capítulos anteriores exploraram o fato de que a IA generativa está avançando em sua capacidade de realizar trabalho intelectual, eliminando habilidades obsoletas e, muito provavelmente, categorias inteiras de empregos administrativos. Ao mesmo tempo, essas tecnologias gerarão novos empregos e novas indústrias que exigirão que as pessoas adquiram conhecimentos mais avançados. Portanto, à medida que as máquinas avançam, as pessoas que buscam emprego remunerado precisarão se reequipar, atualizar e aprimorar seus conhecimentos e habilidades continuamente.

A conclusão lógica é a de que, para permanecer relevante na economia da IA, a aprendizagem ao longo da vida será um imperativo para o número crescente de adultos. Um modelo de aprendizagem orientado para esse objetivo servirá tanto para aqueles que têm muito tempo, mas pouca experiência (no caso dos recém-formados), quanto para alunos com pouco tempo, mas muita experiência (ou seja, profissionais experientes). Consequentemente, o ensino superior – sem falar em alunos e empregadores – se beneficiará ao tornar a aprendizagem ao longo da vida um ponto central do que fazemos. À medida que cidades e regiões competem pelos ganhos econômicos inesperados trazidos por novas indústrias altamente tecnológicas, os vencedores serão aqueles que ostentarem uma força de trabalho formada em novas habilidades altamente tecnológicas. Ao atuar em estreita colaboração com organizações para personalizar programas de acordo com suas necessidades específicas, as universidades podem ajudá-las a preencher suas lacunas de talentos, construir canais de emprego, criar as forças de trabalho do amanhã e impulsionar o progresso econômico.

As origens humildes da aprendizagem ao longo da vida

De muitas maneiras, a ascensão do imperativo da aprendizagem ao longo da vida hoje tem um caso do passado como prólogo. Em uma era anterior de intensa mudança tecnológica – os anos antes e durante a Revolução Industrial –, a maioria das pessoas não teve a oportunidade de obter um diploma universitário. No entanto, elas responderam às mudanças nos tempos e nos ambientes de trabalho adquirindo vários tipos de aprendizagem ao longo da vida.

Por exemplo, em 1831, ano em que Charles Darwin embarcou no *Beagle* para seu famoso encontro com a fauna da América do Sul, outro jovem inglês chamado Isaac Pitman começou a obter sua certificação como professor. Educador a vida inteira, Pitman, assim como seu contemporâneo mais conhecido, tinha visões particulares sobre a relação entre vida e tempo. Enquanto Darwin pensava na seleção natural ao longo de gerações, Pitman gostava de dizer que "tempo economizado é vida ganha" – um credo ao qual ele servia ao inventar um sistema para fazer anotações fonéticas taquigráficas. Conhecida como "taquigrafia Pitman", tornou-se a linguagem mais popular para transcrição em todo o mundo anglófono. Continua sendo o sistema fonético mais utilizado no Reino Unido.

A rápida disseminação e popularidade do sistema Pitman não foram acidentais. Para alcançar potenciais alunos que não moravam perto de sua casa na cidade de Bath, Pitman aproveitou uma tecnologia recém-inventada – o selo postal padrão. Ele enviava exercícios aos assinantes e, em seguida, corrigia os cartões-postais devolvidos para oferecer *feedback*.[6] Esse formato de longo alcance de instruções e respostas foi o primeiro curso a distância do mundo.

Desde que Pitman se conectou pela primeira vez a uma rede postal barata e confiável, o ensino a distância tem sido um elemento básico da aprendizagem ao longo da vida, embora não seja de forma alguma a única maneira de oferecê-lo. No início do século XIX, em Londres e em Boston, por exemplo, cavalheiros eruditos se uniram para fundar a Sociedade para a Difusão do Conhecimento Útil, que oferecia palestras e publicações educacionais ao público trabalhador. O grupo de Boston organizou palestras de pensadores que iam de Daniel Webster sobre "O progresso do conhecimento popular" a Oliver Wendell Holmes sobre "Homeopatia e delírios similares".[7] Em 1836, o filantropo de Boston John Lowell Jr. deixou um grande legado para custear palestras públicas edificantes. Essa foi a base do Instituto Lowell, que, ao longo das décadas, deu origem a instituições educacionais que vão desde emissoras públicas de radiodifusão até a escola de extensão de Harvard e a Escola do Instituto Lowell na minha própria universidade.[8] Até hoje, o Instituto Lowell auxilia alunos com formação universitária parcial a concluírem seus cursos. É mais um capítulo em uma longa tradição de combate à desigualdade e às dificuldades por meio da aprendizagem ao longo da vida.

Os primeiros formatos de aprendizagem ao longo da vida também surgiram de uma missão de instrução moral, bem como de cunho mais mundano. Em 1844, George Williams – um agricultor deslocado que aprendia a navegar pelos perigos e tentações da Londres moderna – fundou a primeira Associação Cristã de Moços (Young Men's Christian Association – YMCA) para promover o estudo da Bíblia e a coesão social entre as crescentes fileiras de novos moradores urbanos.[9] Alguns anos depois, Thomas Valentine Sullivan trouxe a instituição para Boston. Em pouco tempo as YMCA estavam ensinando inglês como segunda língua aos imigrantes, ajudando-os a aliviar o deslocamento causado pelo abandono de suas terras natais em meio ao tumulto e às mudanças do Novo Mundo e oferecendo aulas profissionalizantes a trabalhadores que sonhavam com salários mais altos e melhores condições. Em todos esses casos, a aprendizagem ao longo da vida foi uma forma de trabalhadores já experientes se adaptarem às suas circunstâncias em evolução.

Darwin e Pitman viveram em uma época de extraordinárias mudanças tecnológicas e sociais, e suas carreiras foram profundamente influenciadas por ideias sobre a natureza do progresso. Em sua viagem, Darwin começou a formular sua teoria da seleção natural observando variações no modo como as espécies se adaptam aos seus contextos ambientais, transmitindo características que promovem a sobrevivência. Por exemplo, ele notou que alguns tentilhões de Galápagos tinham bicos com formatos diferentes, e isso lhes dava uma vantagem na aquisição de alimentos específicos. Concomitantemente, enquanto Darwin ponderava suas teorias, os alunos por correspondência de Pitman aprendiam uma valiosa habilidade corporativa, permitindo-lhes sobreviver melhor no ambiente em rápida expansão das modernas cidades industriais do Império Britânico e dos Estados Unidos. Em um sistema competitivo, a educação era um equalizador.

Mas, embora os tentilhões possam transmitir os genes que lhes conferem bicos longos para perfurar as partes carnudas de uma pera espinhosa, os seres humanos não podem transmitir um gene para taquigrafia. Em vez disso, evoluímos ao nos educarmos. É por isso que, ao fazermos um balanço do que muitos hoje chamam de Quarta Revolução Industrial, a aprendizagem ao longo da vida volta a ser tão importante quanto era durante a última.

A demanda por aprendizagem ao longo da vida

O ensino superior tem ampla experiência em atender alunos mais velhos e não tradicionais. Dos 19,25 milhões de estudantes que frequentariam faculdades e universidades norte-americanas em 2024, 6,3 milhões tinham 25 anos ou mais.[10] Um terço dos estudantes norte-americanos, portanto, tem mais idade do que a idade geralmente considerada "tradicional" para a faculdade. Muitos desses estudantes são atendidos pelas mais de mil faculdades comunitárias nos Estados Unidos.[11] Por gerações, estas têm sido as referências para estender a promessa do ensino superior às populações mais desfavorecidas e carentes da sociedade norte-americana, incluindo aprendizes ao longo da vida, como o funcionário cuja fábrica fechou, o imigrante recente de um país com um sistema educacional menos desenvolvido ou o pai/mãe solteiro(a) que não concluiu o ensino médio. É claro que o *ranking* dos vulneráveis inclui aqueles ameaçados pelas mudanças tecnológicas. Isso torna a missão das faculdades comunitárias ainda mais vital – uma missão que elas tradicionalmente cumprem oferecendo aos alunos um canal para um curso de quatro anos e ensinando habilidades voltadas para a carreira. A demanda é claramente grande: cerca de 8,3 milhões de alunos as frequentam anualmente nos Estados Unidos.[12]

No entanto, o número de potenciais aprendizes ao longo da vida é muito maior do que isso. Entre 2015 e 2050, a proporção da população global com mais de 60 anos quase dobrará, de 12 para 22%.[13] Os Estados Unidos estão envelhecendo de maneira ainda mais drástica do que muitos outros países – entre 2020 e 2030, o número de norte-americanos com 65 anos ou mais aumentará em 17 milhões, de 17 para 21% da população.[14] No entanto, mesmo com menos formaturas do ensino médio e mais festas de aposentadoria, o número total de norte-americanos trabalhadores continua a aumentar. Entre 2021 e 2031, projeta-se um aumento de quase 5%, para cerca de 169 milhões, dos quais 108 milhões estarão no auge da sua vida profissional, entre os 25 e os 54 anos.[15] São esses adultos trabalhadores que lidarão com as ramificações da IA em suas tarefas diárias. E precisarão aprender como fazê-lo. Em outras palavras, o mercado de programas de aprendizagem ao longo da vida está crescendo ao mesmo tempo que a demanda por programas de graduação está prestes a diminuir. Pessoas que se formaram na faculdade há muito tempo enfrentarão a perspectiva de ter que se reestruturar ou se aposentar. Para atender a essa população, as próprias universidades terão que se reestruturar ou sair do mercado de ensino.

É claro que as prioridades e as circunstâncias dos adultos trabalhadores são diferentes daquelas dos estudantes de graduação tradicionais. Eles representam um mercado-alvo e uma base de clientes diferentes, o que significa que o *design* e a entrega de sua aprendizagem também precisam ser diferentes. Em primeiro lugar, enquanto muitos jovens de 18 a 22 anos buscam nas universidades resultados profissionais, os estudantes ao longo da vida concentram-se quase exclusivamente no ensino superior como trampolim para a carreira. Eles se matriculam visando resultados. Acima de qualquer outro fator, isso deve moldar a concepção dos currículos. Em segundo lugar, como já estão imersos em responsabilidades profissionais e familiares, geralmente encontram pouco apelo no modelo residencial. Em vez disso, exigem a opção de plataformas *on-line* ou híbridas que lhes ofereçam aprendizado sob demanda, conforme suas vidas e horários permitirem. Em terceiro lugar, como podem não ter tempo, recursos ou inclinação para buscar um diploma completo, exigem formatos de aprendizagem flexíveis e modulares, "fragmentando" seu aprendizado em blocos empilháveis que podem se somar a certificados ou outros tipos de "emblemas".

O resultado dessas considerações é o imperativo para que as universidades desenvolvam programas de aprendizagem genuinamente personalizados.

Personalização para a aprendizagem ao longo da vida

Em vez de ser centrado no aluno, o modelo tradicional de ensino superior coloca a própria universidade no centro. O *design* dos cursos é frequentemente baseado em suposições sobre o ambiente de trabalho que podem estar obsoletas quando os livros didáticos forem publicados. Essa abordagem é insuficiente para alunos mais velhos que buscam resultados profissionais imediatos na economia da IA em evolução. Para se adaptar às suas necessidades, a personalização leva o ensino superior aos alunos onde quer que estejam e em qualquer estágio de suas carreiras, em porções proporcionais aos seus objetivos profissionais. Em vez de os alunos irem para a universidade, a universidade precisa ir até os alunos, com um aprendizado adaptado com exatidão às suas vidas únicas e complexas.

Tempo e geografia

Como observamos anteriormente, os alunos tradicionais têm pouca experiência, mas muito tempo disponível, enquanto os alunos que aprendem ao longo da vida têm muita experiência, mas pouco tempo disponível. Os alunos tradicionais também são idealmente atendidos pelo modelo residencial, que facilita as experiências de aprendizagem no *campus*, enquanto os mais velhos provavelmente considerariam impraticável e incômodo o retorno à vida nos dormitórios de repúblicas. Para projetar uma aprendizagem ao longo da vida personalizada, devemos, portanto, abordar as questões de tempo e geografia.

Embora os programas de aprendizagem ao longo da vida totalmente presenciais certamente tenham seus atrativos, eles apresentam a desvantagem de impor um cronograma institucional à vida de um indivíduo. Para responder a isso, o ensino superior há muito tempo busca plataformas de aprendizagem *on-line* para atender alunos com pouco tempo, e estas evoluíram muito além das aulas em *streaming* da era dos "cursos *on-line* abertos e massivos" (*massive open on-line course* – MOOC) da década de 2010. Sua adoção universal durante a pandemia de Covid-19 levou as universidades a melhorar sua qualidade e, após a corrida caótica inicial para o ensino remoto, elas o fizeram. Muitas universidades investiram no desenvolvimento de estruturas digitais sofisticadas e conteúdo multimídia para cursos, treinando seus docentes para aproveitar todo o potencial da tecnologia. Os serviços de apoio ao aluno agora são amplamente oferecidos por meio de formatos *on-line* acessíveis, enquanto os cursos oferecem aos instrutores dados oportunos sobre o progresso e o engajamento dos alunos, ajudando-os a intervir caso um indivíduo esteja com dificuldades.[16] Estudos recentes mostraram que os programas *on-line* são especialmente valiosos para turmas grandes, geralmente introdutórias, com mais de cem alunos.[17] As universidades públicas, em particular, estão investindo na expansão de seus programas *on-line* para atender ao crescente mercado de alunos ao longo da vida a um custo mínimo. Mesmo assim, apenas cerca de um terço dos norte-americanos confiam na qualidade do programa.[18]

De forma reveladora, dois terços dos alunos *on-line* escolhem um programa com *campus* ou centro de serviços localizado a menos de 80 quilômetros de suas casas.[19] Isso sugere que, mesmo para alunos cujas principais prioridades são tempo e flexibilidade sob demanda, a geografia continua sendo um aspecto a considerar, ao menos subliminarmente. A proximidade com a universidade também oferece a opção de aprendizagem híbrida. Para alunos que aprendem ao longo da vida, os formatos híbridos apresentam a dupla vantagem de maior engajamento por meio da interação presencial e maior personalização por meio de componentes *on-line*. Alguns estudos sugerem que os formatos híbridos ou combinados têm, de fato, um impacto positivo na eficiência da aprendizagem em comparação com a sala de aula tradicional, estimulando tanto o autoestudo independente quanto uma atitude positiva de aprendizagem.[20] A IA generativa promete refinar ainda mais a personalização digital, adaptando o conteúdo às necessidades e habilidades do aluno e servindo efetivamente como um tutor virtual. Embora ainda seja uma ferramenta pedagógica emergente, pode muito bem se mostrar transformadora na melhoria dos resultados dos alunos.

Melhores resultados por meio da personalização

Os resultados são, como observamos, a razão pela qual os aprendizes ao longo da vida buscam educação. Muitos desses aprendizes normalmente não conseguem, ou não desejam, se comprometer com um programa acadêmico totalmente articulado. Em vez disso, precisam de uma experiência educacional focada que proporcione o resultado desejado. Frequentemente, os aprendizes ao longo da vida buscam adquirir um conjunto específico de conhecimentos, habilidades ou competências para atingir um objetivo específico em seu emprego ou no âmbito mais amplo de suas carreiras e vidas. Eles desejam adquirir esse conhecimento de maneira eficiente e operacionalizá-lo rapidamente.

Como exemplo disso, certa vez aconselhei um empreendedor que estava construindo um novo tipo de mecanismo de busca na internet e queria entender as contribuições da minha área, a linguística, para esse empreendimento. Ele não queria um diploma; tudo o que lhe importava era o conhecimento em si. Ele precisava de um curso intensivo sobre a aplicação da linguística à tecnologia de busca, adaptado ao seu objetivo específico. Para isso, ele precisava aprender alguns conhecimentos fundamentais sobre sintaxe, fonologia e semântica. Ao mesmo tempo, precisava compreender alguns dos aspectos computacionais muito mais avançados da linguística simultaneamente. Buscar um diploma universitário tradicional em linguística não o teria ajudado a atingir seu objetivo de construir um mecanismo de busca. Mas eu consegui ajudá-lo – e o mesmo aconteceria com uma universidade que pudesse selecionar e adaptar o conhecimento de que ele precisava.

A crescente demanda por aprendizagem ao longo da vida – e a aceleração dessa demanda à medida que as pessoas buscam aprimorar suas habilidades na era da IA – sugere que reimaginemos a questão mais ampla de como faculdades e universidades organizam o conhecimento, e de como o distribuímos. Hoje, faculdades e universidades criam uma divisão artificial entre o conhecimento ensinado a alunos de graduação e o conhecimento incluído nos currículos de pós-graduação. À medida que a população de alunos ao longo da vida cresce e as faculdades e universidades se concentram mais intensamente nas necessidades desses alunos, precisaremos de maneiras adicionais de organizar e segmentar o conhecimento. Em vez de encaixá-lo em categorias antigas, como cursos de graduação e pós-graduação, podemos dividi-lo em blocos modulares menores que podemos remontar de acordo com os objetivos específicos dos alunos. Esses blocos podem então ser combinados e empilhados de forma semelhante a um curso tradicional, embora haja muito mais permutações e combinações desses blocos do que é possível em um programa de graduação típico. Além disso, reordenar a aprendizagem dessa maneira facilita a avaliação baseada em competências, permitindo que os alunos progridam em um ritmo autônomo até os resultados desejados. Esse dinamismo e individualização unem fortemente o aprendizado às necessidades específicas do aluno.

Por exemplo, considere três alunos que desejam estudar bioengenharia. O primeiro é um profissional em transição de carreira que busca ingressar nas ciências da vida a partir de uma posição na área de tecnologia. Assim, a sequência de blocos curriculares que essa pessoa cursa pode incluir quatro blocos de conteúdo básico de bioengenharia, combinados com três blocos avançados que alavancam o conhecimento individual tecnológico existente. O segundo aluno já trabalha em bioengenharia, mas busca ascender de uma posição intermediária na empresa para cargos gerenciais. Nesse caso, a sequência de blocos que essa pessoa cursa pode incluir três blocos de conteúdo de bioengenharia para se atualizar sobre os avanços mais recentes na área, combinados com dois blocos focados em competências gerenciais e desenvolvimento de negócios. Por fim, considere o terceiro aluno – um gerente sênior de uma empresa de saúde que busca expandir os usos da nanotecnologia relacionada à saúde na prestação de serviços de saúde. Nesse caso, o gerente pode cursar dois blocos focados em aplicações de nanotecnologia relacionada à saúde e nada mais.

Então, a universidade pode traduzir esses blocos curriculares empilhados em credenciais acadêmicas formais. Por exemplo, podemos imaginar o primeiro aluno recebendo um diploma de bacharel em bioengenharia, em reconhecimento à sequência mais longa de blocos que cursou, bem como ao conteúdo mais básico no qual demonstrou domínio. O segundo aluno pode receber um título de mestre, visto que cursou uma série de blocos mais breve, porém mais avançada. Por fim, o gestor sênior poderia ser considerado como tendo obtido um certificado, tendo em vista a curta, porém altamente especializada, série de blocos dominados.

As possibilidades são infinitas, mas a questão é simples. Ao segmentar o conhecimento de forma mais precisa, as universidades podem transmiti-lo de maneiras muito mais eficazes para atender às necessidades específicas dos alunos – e especialmente dos alunos ao longo da vida. Elas podem enfatizar imediatamente o conhecimento funcional, em oposição ao conhecimento auxiliar que um aluno orientado a resultados talvez nunca utilize.

Personalização por meio da experiência

Independentemente da plataforma ou do formato, o valor de um programa educacional é limitado, a menos que inclua componentes experienciais. Resultados de aprendizagem verdadeiramente transformadores são o produto da integração de experiências acadêmicas e do mundo real, permitindo que os alunos testem, integrem e adquiram novos conhecimentos em diferentes contextos de aprendizagem. No entanto, a questão dos componentes experienciais na aprendizagem ao longo da vida também levanta certo paradoxo. A experiência é vital para os alunos mais jovens, mas, se eles já têm bastante experiência, por que precisam de mais?

A resposta é que, em uma economia de IA, os alunos mais velhos precisarão capitalizar as valiosas lições que adquiriram no trabalho e na vida. Ao revisitar experiências passadas e usá-las como uma bússola para recalibrar suas ações e ideias, eles se posicionam melhor para alcançar seus objetivos e criar novas oportunidades. Programas de aprendizagem ao longo da vida que fazem isso bem encontrarão os alunos onde eles estão – inclusive no contexto do ambiente de trabalho profissional.

Esses programas são especialmente úteis para atender às pessoas que mais precisam de aprendizagem ao longo da vida – o enorme subconjunto de funcionários administrativos atuais que sempre se consideraram a salvo da automação, mas que agora ouvem o barulho dos passos digitais. Esse formato incorpora a educação ao próprio trabalho dos funcionários, levando a aprendizagem ao longo da vida diretamente aos alunos no ponto zero da revolução tecnológica. Podemos alcançá-los onde eles veem a automação em primeira mão, integrando perfeitamente a educação à experiência existente dos alunos.

Para desenvolver esses programas personalizados e experienciais, as universidades podem trabalhar com instituições e empregadores a fim de determinar os resultados esperados, inclusive ajudando-os a avaliar suas necessidades.

Personalização para empregadores

No passado, as universidades determinavam o *design* curricular em grande parte sozinhas, presumindo que entendiam melhor o que as pessoas deveriam aprender. O modelo atual de aprendizagem ao longo da vida exige que as universidades ouçam os alunos e seus empregadores, mapeando os resultados que eles esperam. Na conceituação de novos programas acadêmicos, as universidades podem levar em conta as estratégias que os empregadores buscam realizar, suas necessidades de força de trabalho profissional e as maneiras como a tecnologia está mudando o formato de seus setores. Mesmo que a universidade delineie os contornos do conteúdo educacional, o empregador ajuda a mantê-lo otimizado e relevante para o momento. Alunos, empregadores e a universidade se beneficiam dessa simbiose.

Personalização para resultados de aprendizagem

Ao personalizar programas em colaboração com os empregadores, os alunos podem mapear o caminho para uma carreira próspera, ao mesmo tempo que adquirem os conceitos e ferramentas mais recentes do setor bem antes do primeiro dia de trabalho. Há muitos exemplos dessas parcerias bem-sucedidas entre universidade e indústria. Por exemplo, a City University of New York (CUNY) uniu-se à IBM, Pitney Bowes, JPMorgan Chase e outros empregadores locais para desenvolver um conjunto de cursos baseados em tecnologia com o objetivo de ajudar os profissionais da região a desenvolver as habilidades e os conhecimentos mais necessários no mercado de trabalho de Nova York. Para tanto, o corpo docente da CUNY recebeu bolsas para colaborar com "especialistas no assunto" das empresas parceiras, a fim de personalizar cursos sobre segurança cibernética e análise de dados.[21] De forma semelhante, o Miami-Dade College colaborou com a NextEra Energy para elaborar um conjunto de créditos acumuláveis em ciência de dados e análise de dados. Profissionais da NextEra desenvolveram em conjunto programas de "aprendizagem ativa" que proporcionariam aos alunos caminhos diretos para o futuro emprego.[22]

Outra iteração da parceria universidade-empregador é o programa ALIGN da Northeastern. Originalmente lançada em nosso *campus* de Seattle, essa iniciativa foi explicitamente projetada para direcionar pessoas de diversas origens para carreiras em tecnologia, como bioinformática ou segurança cibernética. Explorando oportunidades na Costa Oeste, descobrimos que muitos alunos em potencial tinham diplomas de bacharelado que não correspondiam às vagas de emprego em sua região. Eles queriam oportunidades de acesso a áreas de tecnologia de alta demanda, impulsionadas por empregadores locais. Assim, trabalhamos com empregadores para desenvolver um programa que permitisse que graduados em ciências humanas se tornassem cientistas da computação e analistas de dados, proporcionando-lhes um mestrado e até doze meses de aprendizagem cooperativa ou um estágio no setor de tecnologia.

O resultado combina trabalho curricular intenso com imersão no ambiente profissional. Os alunos adquirem novas habilidades de alta tecnologia – por exemplo, em análise de *big data* – ao abordar um conteúdo que é dividido em projetos práticos. Esses projetos são combinados com unidades de aprendizagem *on-line* para ajudar os alunos a dominar as tecnologias mais recentes. Além disso, o programa potencializa as experiências dos alunos em ciências humanas, integrando-as às suas novas habilidades e oferecendo a eles uma vantagem em comunicação e pensamento crítico – habilidades cruciais para cargos de gestão. Ao final do programa, seus novos conhecimentos são reforçados pelas competências adquiridas no passado, preparando-os para o sucesso. O programa se mostrou tão atraente, sobretudo para mulheres e minorias sub-representadas, que já o disseminamos por todo o nosso sistema universitário.

Os currículos de aprendizagem ao longo da vida exigem a contribuição do empregador para o conteúdo, mas também para outros elementos. Por exemplo, não adianta muito os educadores elaborarem um currículo brilhante e transformador que entre em conflito com a demanda de tempo dos alunos no trabalho. Empregadores e aprendizes ao longo da vida precisam concordar sobre as horas de trabalho investidas em educação, assim como precisam decidir sobre recompensas e incentivos apropriados para funcionários que são aprendizes ao longo da vida, incluindo promoções e apoio financeiro. Universidades e grupos de empregadores dentro de um setor podem até considerar o fornecimento conjunto de credenciais para que os alunos possam transitar facilmente entre diferentes empresas em sua área e ter sua educação, conhecimento e habilidades reconhecidos.

Personalização para resultados de negócios

Ao personalizar programas de aprendizagem ao longo da vida, as universidades devem estar cientes de que seu "cliente" não é apenas o aluno, mas também o empregador. Essa consciência reforça um necessário – mas às vezes ausente – senso de humildade. As universidades têm uma propensão natural para o ensino, mas, ao trabalhar com alunos e empregadores que aprendem ao longo da vida, é fundamental que também ouçamos e aprendamos. A indústria sabe melhor do que nós sobre seus atuais desafios de negócios, objetivos estratégicos e necessidades de talentos. Elas podem comunicar suas expectativas, as competências que desejam que seus colaboradores adquiram ou outros resultados desejados, e nós podemos ajudá-las a avaliar suas necessidades de aprendizagem.

Dan Koloski, chefe de programas de aprendizagem e professor de prática no Instituto Roux da Northeastern, em Portland, Maine, demonstra essa abordagem em seu projeto curricular. Com a explosão de dados em todas as áreas de negócios, os empregadores buscam aprimorar a maneira como utilizam os dados na tomada de decisões e nas operações. Eles precisam que seus funcionários tenham maior letramento nessa área. Koloski trabalha com empresas para aprimorar o letramento em dados entre o que ele chama de "não praticantes", colaboradores e executivos que podem compreender conceitualmente a imensa importância da IA e dos dados em seus negócios, mas não detêm conhecimento especializado do assunto. O processo de *design* de Koloski começa pela escuta. "Muitas das conversas que temos com os empregadores se concentram em: 'O que você está tentando alcançar nos negócios?'", diz ele. "'Como você quer crescer? Como você quer pensar em ser mais competitivo?'"[23]

A intenção é ensinar os colaboradores, geralmente executivos, a fazer as perguntas corretas a partir dos dados. Tradicionalmente, os executivos consideravam questões de negócios – por exemplo: "A empresa deve entrar no mercado japonês agora?" – por meio de uma combinação de instinto e experiência, comparação de casos e consulta a agregadores de informações, como estudos de mercado. A revolução dos dados atual permite que eles sejam muito mais diretos. "Se a minha pergunta empresarial for: 'Devo ir para o Japão?', quais são as cinco principais perguntas analíticas que você precisa fazer?", pergunta Koloski. "E onde você obteria as informações para respondê-las?"

Koloski personaliza programas de letramento em dados, moldando-os em torno dos objetivos de negócios específicos de seus clientes, seus processos de gerenciamento de dados existentes e seus dados internos. Após a consulta inicial, ele cria uma série de objetivos de aprendizagem, com base em conteúdo relevante de cursos de pós-graduação existentes. A etapa seguinte é a compilação de um conjunto de dados individualizado usando os recursos internos do empregador, como relatórios da empresa e estudos de caso. Isso embasa a criação de um programa de aprendizagem experiencial personalizado, facilitado pelo corpo docente da Northeastern, direcionado a atender às reais necessidades comerciais do empregador. Os resultados beneficiam a todos. Os empregadores aprimoram a qualidade de seus talentos e desenvolvem soluções para os desafios de negócios, enquanto seus funcionários-aprendizes aprimoram suas habilidades para o ambiente de trabalho com IA.

Se essa abordagem for aplicada em larga escala em cidades que têm dificuldades para desenvolver indústrias do século XXI, como biotecnologia e biomanufatura, por exemplo, as ramificações econômicas serão consequentes. Para atrair os empregos tecnológicos mais atuais, as cidades precisam de uma força de trabalho qualificada para desempenhá-los. A criação de força de trabalho é uma necessidade para o progresso econômico e uma sociedade próspera – portanto, é uma necessidade para o ensino superior.

Algumas implicações para a universidade

Corpo docente

Elevar a aprendizagem ao longo da vida na missão da universidade traz implicações profundas para os alunos, mas também para todos os outros membros da comunidade universitária. O aumento da demanda por aprendizagem ao longo da vida significa necessariamente que haverá um aumento da demanda por ensino. Assim, é razoável esperar que haja a necessidade de faculdades e universidades expandirem seus corpos docentes no futuro – parece lógico que um grupo maior de aprendizes ao longo da vida necessariamente exigirá um grupo maior de professores com formação em aprendizagem ao longo da vida. Essa é uma boa notícia, pois o Centro Nacional de Estatísticas Educacionais relata que o número de funcionários de faculdades e universidades que trabalham principalmente como instrutores teve uma redução de cerca de 55 mil desde os níveis pré-pandêmicos.[24] A ascensão da aprendizagem ao longo da vida corrigirá esse declínio.

Dado o papel desconhecido que a IA generativa desempenhará na sala de aula nos próximos anos, é impossível prever os níveis exatos de pessoal das futuras salas de aula, mas sabemos que nossa abordagem em relação ao corpo docente, assim como nossa abordagem em relação aos seus alunos, exigirá mais flexibilidade e personalização. Hoje em dia, o corpo docente universitário é hierarquizado, com professores titulares, principalmente aqueles que se dedicam à pesquisa, ocupando o escalão superior da hierarquia. Fora desse escalão estão os professores não titulares, que normalmente se especializam em ensino, professores para a parte prática, que normalmente ingressam na universidade para lecionar após desenvolverem carreiras de destaque na indústria, bem como pesquisadores, professores adjuntos e outros. Esse sistema, no entanto, é questionado em uma instituição que se baseia em atender a um número maior de alunos ao longo da vida, oferecendo conteúdo mais adaptável e rompendo as barreiras disciplinares.

À medida que mais universidades implementam tecnologias para oferecer conteúdo em formatos modulares e adaptáveis, personalizados para as necessidades dos alunos, é provável que o papel do corpo docente evolua drasticamente.

As universidades exigirão maior envolvimento de especialistas da indústria, professores para a parte prática e docentes. Por sua vez, os docentes se sentirão incentivados a investir mais tempo em sua própria aprendizagem ao longo da vida para se manterem atualizados com novas ferramentas, plataformas e técnicas pedagógicas.

Ex-alunos

Ampliar o lugar da aprendizagem ao longo da vida na universidade também testará as noções tradicionais de quem são os ex-alunos e como eles veem sua universidade. A maioria dos formandos do ensino superior de quatro anos considera sua *alma mater* o local onde receberam seu diploma de bacharelado – independentemente de terem obtido ou não um diploma de pós-graduação ou profissionalizante. Normalmente os ex-alunos retornam à faculdade de tempos em tempos para participar de eventos esportivos e reuniões ou para retomar relacionamentos estabelecidos – em outras palavras, para se envolver com o passado. Em contraste, o crescimento da aprendizagem ao longo da vida nas universidades – e a necessidade de mais indivíduos com formação superior para obtê-la – pode transformar o relacionamento dos formandos com sua *alma mater*, tornando-os membros de uma rede ampla e ativa, engajada com o presente e o futuro.

Além de depender de sua universidade para aprendizado contínuo, os ex-alunos também permanecerão conectados por meio do uso permanente de serviços de carreira e outros tipos de suporte, com a operação evoluindo de uma capacidade social para uma funcional. Isso já está acontecendo. Assim, a operação padrão de ex-alunos proporcionará aos alunos ao longo da vida acesso a incubadoras de empreendimentos e assistência a *startups*. Conectará profissionais a mentores experientes, oferecendo *coaching* e suporte institucional. Conectará os negócios dos ex-alunos com a *expertise* e a pesquisa do corpo docente. Além disso, será o ponto focal para comunidades de interesse, reunindo ex-alunos que compartilham objetivos profissionais, *hobbies* ou filantropia. Dessa forma, o significado literal de *alma mater* ("mãe que nutre") será reforçado à medida que os graduados continuarem a ser nutridos e apoiados por sua instituição ao longo de toda a vida. Na verdade, eles se tornarão membros de um clube vitalício que preenche enormes nichos sociais, profissionais e educacionais. Essa dinâmica também tem o potencial de transformar as doações universitárias. Por exemplo, além de assinar um cheque anual para uma campanha de arrecadação de fundos, os ex-alunos podem se inscrever em um modelo de assinatura, inscrevendo-se para ter acesso contínuo a serviços e oportunidades de aprendizagem. Todo o processo de desenvolvimento profissional pode evoluir para depender da emoção dos ex-alunos, bem como de uma lista evidente de benefícios, cursos e serviços prestados.

A crescente importância dos ex-alunos em uma universidade voltada para a aprendizagem ao longo da vida também levanta uma série de questões. Como observado, ex-alunos de faculdades e universidades norte-americanas tendem a sentir mais lealdade às suas *alma maters* de graduação. Quando as pessoas passam vários de seus anos mais exuberantes da juventude morando em um apartamento com seus amigos mais próximos, é provável que sintam mais apego do que sentiriam caso se inscrevessem em um programa específico de aprendizado oferecido em formato híbrido. Afinal, os alunos não compram moletons da faculdade para comemorar a conclusão de um certificado *on-line* – pelo menos não ainda.

No entanto, à medida que as pessoas adotam um modelo de educação de aprendizagem ao longo da vida no futuro, podemos ver a lealdade tradicional dos ex-alunos mudar. As pessoas podem ter ainda mais *alma maters* do que hoje. A demarcação da obtenção de um diploma de graduação padrão pode dar lugar a novos tipos de títulos. Consequentemente, os ex-alunos podem acabar sentindo o maior apelo de lealdade à universidade que lhes deu mais valor ao longo de suas carreiras. Isso não é necessariamente uma mudança para um relacionamento estritamente transacional, mas, quando várias instituições competem pela atenção limitada de uma pessoa, o destaque provavelmente será aquele que produz resultados tangíveis. Se uma universidade permanece uma presença confiável e um ponto de apoio em suas vidas, os alunos têm maior probabilidade de retornar a ela em busca de ajuda, educação e diversão.

A universidade em si

As implicações não são apenas internas. Elas também anunciam mudanças e oportunidades para a estrutura geral da universidade. Não é surpresa que isso aconteça. Ao longo da história, o ensino superior, em última análise, respondeu às mudanças na tecnologia e ao cenário de alunos que pretende atender, aprimorando suas formas institucionais e sua configuração geral como setor. Foi assim que, em épocas anteriores, o ensino superior nos Estados Unidos passou a abranger a universidade agrícola e mecânica, a faculdade de ciências humanas, a universidade voltada para a pesquisa, o sistema universitário público, a faculdade comunitária e a universidade *on-line*.

Chegamos mais uma vez a esse ponto de inflexão. A revolução da IA exige que praticamente todos se tornem aprendizes ao longo da vida – e isso, por sua vez, exige que as universidades vão até onde os alunos estão. Já descrevemos como isso seria feito no sentido figurado de alinhar os cursos de estudo de forma centrada no aluno. Mas isso também é verdade no sentido literal. Embora os programas *on-line* possam alcançar os alunos sob demanda a qualquer momento, as universidades que buscam atender alunos ao longo da vida com programas híbridos devem necessariamente ir até onde os alunos vivem, estabelecendo uma presença física em vários locais, personalizando e adaptando os programas às economias e circunstâncias regionais. Isso é especialmente crucial em lugares que estão sendo deixados para trás pela economia moderna por não terem força de trabalho capaz de atrair empregos na área de tecnologia. Em uma economia impulsionada pela IA, na qual a necessidade de aprendizagem ao longo da vida é crescente e deve ser atendida, as universidades têm a oportunidade de dar o próximo passo na evolução do ensino superior: o sistema universitário (global).

O sistema universitário (global)

No clássico livro *Os usos da universidade*, o ex-reitor da Universidade da Califórnia Clark Kerr descreveu a ampla aglomeração de atividades, interesses e pessoas que compunham a universidade voltada para a pesquisa dos Estados Unidos como instituição na década de 1960.[25] Ele a comparou a uma cidade, com muitas funções aparentemente díspares e muitos indivíduos díspares unidos por uma queixa comum sobre estacionamento. Espera-se que o sistema universitário aprimore esse modelo. Trata-se de uma entidade que existe em vários locais, cada um dos quais diferencia suas ofertas de acordo com os diferentes contextos em que seus alunos vivem e trabalham. Esse sistema pode ser regional, atendendo alunos em diferentes mercados nacionais. Pode ser global, atendendo alunos em vários países. Cada nó da rede está conectado ao outro, de modo que os alunos podem circular por ele para aproveitar programas acadêmicos, recursos de aprendizagem e oportunidades de aprendizagem experiencial em seus contextos de vida. De muitas maneiras, é a próxima iteração lógica de uma universidade, levando em consideração a necessidade de atender uma população crescente de alunos ao longo da vida.

O objetivo do sistema universitário é oferecer oportunidades contextuais de aprendizagem e pesquisa em todos os seus nós. Reflita sobre a maneira como um sistema universitário global poderia atender um aluno cuja carreira será impactada pelos ventos da mudança tecnológica. Ele pode começar sua trajetória de aprendizagem ao longo da vida fazendo um curso de curta duração em finanças no nó do sistema em Nova York, antes de se mudar para a unidade em Londres, onde realiza um módulo de aprendizagem experiencial em uma empresa de *fintech*. Alternativamente, ele pode se matricular em um programa de empreendedorismo experiencial com uma *startup* do Vale do Silício, ao mesmo tempo que conclui aulas de IA e aprendizado de máquina no *campus* local.

A aprendizagem global, móvel e contextual é o Santo Graal para as universidades que buscam servir os alunos – o que, na economia da IA, significa um número crescente de instituições. O sistema universitário foi projetado para oferecer isso a estudantes ao longo da vida, mas também é uma plataforma para toda a universidade, facilitando a pesquisa contextual e o recrutamento contextual e global, bem como a mobilidade de graduação.

A pesquisa no contexto de circunstâncias locais e regionais permite a descoberta de soluções para problemas reais dentro das comunidades. Por exemplo, um nó em Miami seria ideal para pesquisas sobre sustentabilidade costeira urbana, enquanto o trabalho que examina os impactos da atividade tectônica nas populações e economias regionais seria mais bem atendido por um nó na região das Cascatas. Essas oportunidades de pesquisa contextual estimulam o recrutamento de professores e a matrícula de alunos – as pessoas mais talentosas podem desejar continuar suas vidas em suas comunidades sem se mudar para um *campus* em uma cidade distante. Em particular, professores de prática e docentes podem não ter a opção de se mudar para uma cidade universitária.

O sistema também permite a mobilidade de graduação, o que melhora os resultados. Por exemplo, ao oferecer aos jovens alunos um semestre estudando IA e filosofia em Londres e o próximo semestre aprendendo empreendedorismo experiencial na costa do país, ele potencializa o domínio do currículo de ciências humanas e a aquisição das capacidades cognitivas. Adaptando-se às realidades de cada local, o sistema incorpora um grau incomparável de nuances nas oportunidades que cria. À medida que circulam pela rede, os alunos colhem os frutos dessa nuance – por exemplo, com profundas habilidades de agilidade cultural e capacidades de pensamento crítico extraordinariamente ágeis. Ao conduzir os alunos por diferentes experiências e contextos, um sistema universitário global promove uma apreciação excepcional pela diversidade e variedade do mundo, permitindo que se tornem imaginativos e mentalmente flexíveis além da capacidade da IA.

Assim, considere o exemplo de um aluno cujas duas paixões são engenharia e mudanças climáticas e que se matricula em um sistema universitário global com unidades em Nova York, Vancouver, Dubai e Nova Delhi. Circulando pelos diferentes contextos dessa rede, ele poderia estudar questões de sustentabilidade costeira urbana na costa leste dos Estados Unidos e, em seguida, se dedicar a aprender sobre as questões que os engenheiros enfrentam na construção de sistemas eficazes de distribuição de água no Oriente Médio. Mudando de assunto mais uma vez, ele pode se voltar para a compreensão dos impactos na saúde de sistemas de esgoto municipais inadequados no subcontinente indiano e, em seguida, se concentrar na avaliação do impacto das políticas de Vancouver que promovem energia renovável e práticas verdes. A oportunidade para esse aluno vivenciar contextos diversos, beneficiando-se de programas e cooperativas personalizados à medida que progride, proporciona a ele uma educação verdadeiramente inigualável. Com o tempo, ele obtém uma compreensão mais abrangente – e complexa – de suas disciplinas, adquirindo tanto uma perspectiva global panorâmica quanto uma compreensão especializada dos assuntos à medida que impactam as comunidades locais. Mais uma vez, concretizar essa visão não é uma tarefa fácil. Mas produz alunos "à prova de robôs" por excelência.

O sistema universitário global da Northeastern foi projetado precisamente para essa aprendizagem global, móvel e contextual. Não estamos sozinhos: a Carnegie Mellon oferece programas de graduação no Catar e de pós-graduação em Ruanda. A Universidade de Nova York já tem mais de dez unidades fora dos Estados Unidos. Ao adotar um projeto *multicampi* e multimodal, nossa instituição e outras como ela atenderão melhor à imensa demanda por aprendizagem contextual ao longo da vida na era da IA.

Internacional *versus* global

Nem toda universidade aspirará a estabelecer múltiplas unidades nos Estados Unidos ou além – e nem toda universidade deveria. Conectar unidades distintas para formar um sistema verdadeiramente conectado é um empreendimento complexo. Alinhar programas acadêmicos e oportunidades de aprendizagem para permitir que os alunos circulem pela rede de uma forma que também seja altamente personalizada para suas necessidades de aprendizagem exige uma coordenação extraordinária. Mas as instituições que buscam estabelecer uma universidade global precisam se perguntar se desejam operar de maneira verdadeiramente global, em vez de meramente internacional.

Outros setores têm lidado com essa dinâmica. Anos atrás, quando as montadoras norte-americanas começaram a se expandir, adotaram uma abordagem internacional. Abriram fábricas em novos países, mas todas as decisões sobre produtos e estratégias permaneceram centralizadas na sede norte-americana. Isso pode ter sido eficiente, mas não foi particularmente eficaz, porque as montadoras (o que não é de surpreender) frequentemente produziam carros novos que eram cópias das versões norte-americanas, em oposição a veículos distintos que capturassem as necessidades dos clientes nos novos mercados.

Em contraste, quando a indústria de *software* começou a explorar novas fronteiras, seus líderes adotaram uma abordagem mais global. Eles também construíram novas instalações em mercados inexplorados, mas, em vez de simplesmente replicar as estratégias que haviam funcionado nos Estados Unidos, permitiram que suas novas operações se adaptassem aos fatos imediatos. Em vez de proclamar o *design* de produto ou o *marketing* de cima para baixo, prevaleceu uma abordagem descentralizada, que levava em conta as oportunidades e idiossincrasias de seus contextos.[26] Eu diria que as instituições de ensino superior que buscam estabelecer um sistema universitário global fariam bem em seguir o exemplo da indústria de *software*.

A multiversidade de Clark Kerr era um reflexo de seu mundo, assim como o sistema universitário é um reflexo do nosso. À medida que nosso mundo se duplica e redobra em complexidade, não podemos esperar compreendê-lo, influenciá-lo e melhorá-lo a não ser por meio de uma complexidade proporcional – em outras palavras, por meio de sistemas em rede. Para enfrentar os desafios tecnológicos e econômicos do século XXI com sucesso, os alunos individuais se beneficiarão da oportunidade de aproveitar oportunidades globais de ensino superior ao longo da vida. Para ajudar os alunos a concretizar essa promessa, muitas instituições de ensino superior inevitavelmente evoluirão de suas formas atuais.

De muitas maneiras, as universidades atuais consideram a formação de alunos de graduação, a preparação de alunos de pós-graduação e a criação de novos conhecimentos por meio da realização de pesquisas como os verdadeiros e sérios empreendimentos da universidade, enquanto a aprendizagem ao longo da vida é vista como algo auxiliar. Educação de nível superior, a pós-graduação e a pesquisa são, de fato, cruciais para as prioridades centrais. Mas as abordagens tradicionais não funcionarão para os milhões de alunos adultos que se veem obrigados a retornar ao ensino superior para se manterem à frente das mudanças tecnológicas.

No passado, as universidades adotavam uma abordagem do tipo "Campo dos sonhos" para seus empreendimentos: se você criar as bases, as oportunidades virão, diziam elas. Assim, construíram departamentos e programas que ofereciam a estabilidade esperada de diplomas tradicionais e monolíticos, como o bacharelado, o mestrado profissional e o doutorado. Isso não é mais suficiente. Faculdades e universidades têm a oportunidade de atender a uma necessidade educacional vital para servir adultos trabalhadores.

De muitas maneiras, a atitude tradicional lembra a postura que as empresas ferroviárias adotaram nas primeiras décadas do século XX, quando os aviões surgiram no cenário comercial. Na época, as ferrovias monopolizavam o mercado de transporte de passageiros de longa distância. Quando as primeiras companhias aéreas começaram a oferecer voos comerciais de longo alcance, as ferrovias ignoraram amplamente esse desenvolvimento, considerando o transporte aéreo um empreendimento fundamentalmente diferente do negócio em que atuavam. Elas viam as companhias aéreas como estando no ramo de aviões, enquanto elas próprias se viam no ramo de trens. As ferrovias não perceberam que tanto elas quanto as companhias aéreas estavam, na verdade, no mesmo negócio – ou seja, transporte. Consequentemente, ignoraram os sinais de alerta que apontavam para a iminente ruptura de seu setor. E, quando o transporte aéreo comercial decolou, por assim dizer, elas ficaram chocadas ao ver os novos concorrentes desmantelarem rapidamente seu domínio de longa data no transporte de passageiros.

À medida que a IA, a robótica e a alta tecnologia geram uma demanda sem precedentes por aprendizado, reequipamento e aprimoramento de habilidades ao longo da vida, o ensino superior faria bem em considerar mudar sua perspectiva, ao contrário do que fizeram as ferrovias. No futuro, faculdades e universidades têm a chance de reconhecer que sua missão não é apenas a educação de graduação, pós-graduação e pesquisa – embora todas elas continuem sendo de vital importância –, mas também a aprendizagem ao longo da vida.

Os profissionais de hoje enfrentam desafios tão profundos quanto os enfrentados pelos trabalhadores da época de Pitman e Darwin. Assim como eles, estão imersos em ambientes profissionais em rápida mudança, aos quais devem se adaptar ou correr o risco de perder a competitividade. Assim como eles, a escalada da tecnologia significa que devem aprimorar suas habilidades singularmente humanas por meio da educação continuada. E, assim como eles, em uma economia cada vez mais complexa, a aprendizagem ao longo da vida pode muito bem ser a diferença entre sua evolução profissional e sua extinção econômica. Nesse contexto, a antiga abordagem do "Campo dos Sonhos" não é mais suficiente. As universidades não podem simplesmente criar programas monolíticos e esperar que surjam aprendizes para a vida toda.

Personalização e customização são os primeiros passos.

Posfácio

Imagine o estado do mundo em 17 de novembro de 1944. O planeta abrigava cerca de 2,5 bilhões de seres humanos, nenhum dos quais jamais havia usado um computador eletrônico digital programável. A maré da guerra na Europa e no Pacífico havia mudado o suficiente para que, nos Estados Unidos, as autoridades pensassem seriamente em como reintegrar à economia e à sociedade norte-americanas os milhões de soldados que haviam sido enviados ao exterior para lutar.[1] Tuberculose e parto prematuro estavam entre as dez principais causas de morte entre os norte-americanos.[2] As temperaturas da superfície global estavam começando sua lenta subida em direção aos níveis preocupantemente altos que atingiriam no início do século XXI.[3] O *Oxford English Dictionary* não continha a palavra "celular" na lista, e até mesmo a palavra "*microchip*" só apareceria depois de várias décadas.

Foi naquele mundo e naquele dia que o presidente Franklin D. Roosevelt enviou uma carta a Vannevar Bush, diretor do Escritório de Pesquisa e Desenvolvimento Científico dos EUA, persuadindo-o a considerar como aplicar as energias colossais de seu gabinete em tempos de paz. "Novas fronteiras da mente estão diante de nós", escreveu Roosevelt. "E, se elas forem desbravadas com a mesma visão, ousadia e ímpeto com que travamos esta guerra, podemos criar um emprego mais pleno e frutífero e uma vida mais plena e frutífera."[4]

Os mundos de 1944 e de hoje parecem distantes por eras, mas existem semelhanças importantes. Naquela época, como agora, a tecnologia estava transformando a maneira como as pessoas viviam e trabalhavam. Naquela época, como agora, alguns temiam o potencial da tecnologia para causar danos, enquanto outros a consideravam a salvação da humanidade. Naquela época, como agora, o governo e o ensino superior buscavam nutrir e aproveitar o poder do progresso. E em 1944 eles tinham uma ideia clara de como fazê-lo: firmariam um pacto social.

A resposta do Dr. Bush a Franklin D. Roosevelt assumiu a forma de um relatório agora famoso, intitulado *Ciência: A Fronteira Infinita*. A ideia central do relatório era que o desenvolvimento de novas tecnologias no período pós-Segunda Guerra Mundial poderia transformar a sociedade para melhor, mas somente se os principais atores realmente alinhassem suas energias. Ao traçar um plano para o futuro da pesquisa universitária, Bush observou que "o progresso científico é uma chave essencial para nossa segurança como nação, para nossa saúde melhor, para mais empregos, para um padrão de vida mais elevado e para nosso progresso cultural".[5] Para alcançar esses resultados, ele propôs um sistema no qual o financiamento governamental fluiria para as universidades com quatro propósitos principais: criar novos conhecimentos, educar a próxima geração de cientistas, lançar novos produtos e indústrias e promover o bem-estar público. Como Bush observou: "As recompensas de tal exploração, tanto para a nação quanto para o indivíduo, são grandes". As palavras de Bush se mostraram corretas. O pacto social entre governo e ensino superior, estabelecido na década de 1940, inaugurou uma nova era de prosperidade para a sociedade norte-americana. O Estado, a academia e a indústria formaram um arranjo simbiótico no qual o governo oferecia financiamento, as universidades o investiam em pesquisa científica e o setor privado comercializava as novas descobertas, transformando-as em tecnologias, bens de consumo e crescimento econômico. Esse arranjo impulsionaria grande parte da prosperidade material e do progresso tecnológico do século XX.

Pessoalmente, acredito que o alvorecer da era da IA hoje é tão importante para a humanidade quanto o período após a Segunda Guerra Mundial. Assim como aquela era, a nossa exige um pacto social renovado que una cidadãos, ensino superior, empregadores e governo a serviço do bem comum. No entanto, enquanto a visão de Vannevar Bush se concentrava na intensificação da descoberta científica, um pacto social para a nossa era da IA tem a oportunidade de ir um passo além, promovendo a reinvenção pessoal de alunos e cidadãos.

Como este livro argumentou, a IA tornou obsoletas antigas premissas sobre a educação, o local de trabalho e o mundo. Os estudantes não podem mais se basear nas lições do ensino fundamental, médio e superior para se manter em uma boa posição por toda a vida. Os trabalhadores não podem mais esperar que o conhecimento profissional e processos confiáveis mantenham qualquer valor em um mundo em rápida mudança. Em vez disso, pessoas, empregadores, universidades e governos precisarão adotar a reinvenção quase constante como a norma. Isso significará adaptar e modernizar – reinventar – o próprio pacto social.

Como seria esse pacto social renovado? A versão pós-Segunda Guerra Mundial priorizou o avanço científico. Um novo pacto social deve, além disso, colocar os cidadãos no centro, com foco principal nas capacidades, nos talentos e na capacidade de progresso e reinvenção das pessoas. Isso exigiria a expansão do papel que cada parte interessada desempenha na concretização do pacto para a vida. Em vez de oferecer treinamento e educação episódicos, por exemplo, os empregadores se manteriam à frente das mudanças tecnológicas, oferecendo continuamente oportunidades de qualificação aos seus funcionários e incorporando a reinvenção profissional aos seus principais modelos de negócios. Os governos, por sua vez, ampliariam os programas de auxílio estudantil para além de sua competência típica de atender jovens de 18 a 22 anos, elaborando programas flexíveis e adaptáveis para cidadãos, universidades e até mesmo empregadores, em apoio à aprendizagem ao longo da vida. Conforme discutido ao longo deste livro, o ensino superior se realinharia em torno desses alunos e dos novos letramentos da era da IA. Por fim, os próprios indivíduos adotariam uma mudança de mentalidade, da visão da educação como precursora da vida adulta para uma visão em que a aprendizagem é companheira de uma vida de renovação pessoal e profissional contínua.

Um novo pacto social representaria uma evolução adicional na relação entre os principais atores. O antigo pacto apresentava uma espécie de arranjo de cima para baixo, no qual o Estado repassava financiamento para os acadêmicos, as universidades repassavam suas descobertas para a indústria e os empregadores criavam novos produtos, empregos e oportunidades para os cidadãos. Na economia da IA, cada parte interessada é interdependente, com o papel dos cidadãos se movendo para o centro. Todos têm a ganhar. O ensino superior recebe apoio público para estender sua missão a novas populações e novas fronteiras de descoberta. Os empregadores se beneficiam de funcionários com formação universitária que buscam ativamente o aprendizado contínuo e o desenvolvimento profissional. E o Estado prospera ao criar uma sociedade mais próspera e, portanto, provavelmente mais harmoniosa. O pacto do pós-guerra realizou esse objetivo apenas parcialmente, porque o previu apenas parcialmente. Esta é a nossa oportunidade de ver a fruição de todo o seu potencial.

Reinventando o pacto social

O papel do governo

Uma revisão do apoio governamental à pesquisa universitária está fora do escopo deste livro. Basta dizer, no entanto, que ajudou a dar tudo ao mundo, desde a internet até vacinas de mRNA, e continua sendo a força vital do empreendimento de descoberta da academia. Mas um novo pacto social projetado para promover a aprendizagem ao longo da vida necessariamente ampliaria o acesso às universidades por meio de auxílio financeiro. Nos Estados Unidos, isso se manifesta na forma de créditos fiscais e benefícios de mensalidade, dos quais bolsas universitárias federais (nos Estados Unidos, *Pell Grant*) continuam sendo as mais proeminentes, e que são concedidas principalmente a estudantes de graduação. Estender o programa para auxiliar alunos de pós-graduação seria um grande passo à frente na renovação do pacto social. Mas existem muitas outras maneiras pelas quais governos em todo o mundo ajudam a requalificar e aprimorar os aprendizes ao longo da vida, a fim de impulsionar o progresso social e econômico.

Por exemplo, em 2015, o governo de Singapura lançou o *SkillsFuture*, uma campanha nacional para oferecer aos seus cidadãos apoio à aprendizagem ao longo da vida e oportunidades de desenvolvimento de competências.[6] A mais notável das suas iniciativas foi a criação de contas de crédito nas quais cada cidadão de Singapura com mais de 25 anos recebe dinheiro para ser aplicado em educação e formação. Só em 2022, cerca de 560 mil pessoas – ou aproximadamente 16% de todos os cidadãos – participaram das iniciativas do *SkillsFuture*, incluindo quase 200 mil que tiveram acesso ao crédito.[7]

Adotando uma abordagem diferente, a União Europeia declarou 2023 o "Ano Europeu das Competências", financiando milhares de eventos de desenvolvimento de competências em toda a Europa, com foco em tecnologias digitais e verdes. No entanto, ainda existem líderes evidentes na educação profissional no local de trabalho. Nomes reconhecidos como a Alemanha e a Suíça continuam a ser os pioneiros da aprendizagem. A Alemanha mantém seu robusto "sistema dual" de educação, envolvendo fortemente empregadores e parceiros sociais, além de garantir que ele atenda a objetivos sociais e econômicos mais amplos, em vez de necessidades de contratação de curto prazo. Na Suíça, dois terços dos jovens que ingressam no ensino médio tardio se matriculam em seu sistema educacional vocacional e profissional, no qual combinam um estágio em uma empresa com um a dois dias de aula em uma escola profissionalizante.[8]

Outros países estão se esforçando para recuperar o terreno perdido. Em 2017, o Reino Unido introduziu um imposto sobre o estágio, no qual os empregadores são obrigados a gastar uma parte da folha de pagamento em treinamento. Desde sua implementação, as taxas de emprego "altamente qualificado" para pessoas sem diploma universitário aumentaram 5%.[9] A Irlanda avançou em sua agenda de aprendizagem ao longo da vida, oferecendo cursos superiores gratuitos em áreas como TI e segurança cibernética para desempregados e autônomos, enquanto seu "Plano de Ação para Aprendizagem" tem como meta criar 100 mil novos programas de aprendizagem até 2025.[10]

O papel dos empregadores

Hoje, a relação entre o ensino superior e os empregadores é frequentemente um acoplamento frouxo, sem conexão. Normalmente as interações entre universidades e empregadores são superficiais e episódicas, com as empresas talvez enviando um gerente ao *campus* algumas vezes por ano para participar de um painel consultivo de um programa de graduação ou disciplina. Faculdades e universidades tentam apurar as necessidades das empresas, mas às vezes interpretam mal os sinais, levando a uma lacuna de habilidades entre os graduados e o mercado de trabalho ou à perda de oportunidades de pesquisa. Uma pesquisa de 2021 perguntou às comunidades universitárias o que elas mais gostariam de melhorar no relacionamento entre a academia e a indústria, e 94% responderam: "Melhor comunicação em torno de objetivos e expectativas".[11] Um acoplamento muito mais estreito evitaria falhas de comunicação, para o benefício de todos.

Sob um novo pacto social, o ensino superior e os empregadores poderiam se beneficiar integrando suas atividades muito mais estreitamente. Como no caso do programa ALIGN da Northeastern – que coloca alunos em aprendizado contínuo em empregos de tecnologia –, empregadores e universidades podem passar de uma posição de isolamento um do outro para uma conjuntura em que suas empresas estejam integradas. Essa confluência de conhecimento, talento e recursos ajuda os alunos a permanecerem resilientes à IA, as empresas a atingirem seus objetivos e as universidades a cumprirem sua missão de melhoria social. Uma vez que o ambiente de trabalho profissional é um dos ambientes em que o impacto da mudança tecnológica será sentido com mais intensidade, os esforços educacionais destinados a abordar essas mudanças – tanto a aprendizagem teórica quanto a experiencial – podem ocorrer em empresas e corporações, não apenas dentro do ambiente acadêmico.

A comunicação e a troca de ideias são cruciais para que empresas e universidades se unam no cumprimento do pacto social. Elas têm um histórico impressionante em sua longa história de colaborações em pesquisa. O desenvolvimento da vacina AstraZeneca-Oxford foi um exemplo particularmente famoso durante a pandemia, mas as parcerias entre a indústria e a academia são comuns em todo o mundo. Proporcionalmente, universidades na Holanda, França, Suíça, Alemanha e Reino Unido publicam mais artigos de pesquisa com colaboração comercial do que suas contrapartes norte-americanas, unindo forças com empresas como Philips, Bosch e Hoffmann-La Roche.[12] A principal universidade da Índia em patentes, o sistema de universidades técnicas públicas dos Institutos Indianos de Tecnologia, opera o Parque de Pesquisa ITT Madras em parceria com mais de setenta empresas, como a Bharat Heavy Electricals Limited, e afirma ter mais de 200 *startups* lançadas em sua incubadora.[13] A Coreia do Sul é famosa pelos laços entre a indústria e pesquisadores universitários, principalmente na profunda colaboração entre a Samsung e a Universidade Sungkyunkwan, que se estende até mesmo à gestão da instituição acadêmica.[14]

Claramente, a ideia de que universidades e empregadores devem trabalhar juntos para o bem comum tem amplos precedentes. E, embora as especificidades desses acordos variem, o objetivo de desenvolvimento social e progresso econômico é compartilhado por todos. Afinal, somos todos aprendizes e cidadãos. Somos todos humanos.

O papel dos humanos

Nos próximos anos, os seres humanos terão que aprender a trabalhar e viver de acordo com tecnologias que provavelmente transformarão nossa cultura, visão de mundo e modo de vida. O advento da IA está reinventando a forma como conduzimos negócios, como descobrimos conhecimento e como educamos os alunos. Cada um de nós é, portanto, obrigado a buscar sua própria reinvenção individual por meio do aprendizado ao longo da vida. Mudar é difícil. Muitas pessoas o rejeitam. Mas não há como negar a única certeza sobre o futuro que compartilhamos com a IA: ele será diferente do passado, e teremos que nos adaptar.

Grande parte do discurso popular sobre faculdades e universidades tem, para o bem ou para o mal, enfatizado a questão de qual tipo de educação é melhor – uma discussão frequentemente reduzida à dicotomia entre aprender por aprender *versus* aprender para ganhar a vida, ou entre o valor de uma educação em ciências humanas *versus* o valor de um curso "prático" que promova a empregabilidade. No entanto, o modelo de educação à prova de robôs mostra que essas escolhas são falsas.

A inteligência artificial está se especializando cada vez mais em tarefas como a análise e a aplicação de fatos a situações, ou o gerenciamento de dados – trabalho que, até recentemente, permanecia em grande parte a cargo de pessoas com diplomas universitários. No novo local de trabalho, os papéis humanos serão sociais, situacionais e tão fluidos quanto os contextos da vida. Para se adaptar a eles, as pessoas buscarão uma jornada educacional contínua em humanística, reinventando-se para aproveitar as infinitas oportunidades geradas por mudanças infinitas. Nessa jornada, a experiência será mais importante do que nunca.

Também é hora de ir além do mito de que os estudantes devem escolher entre uma carreira economicamente gratificante e uma vida interior plena e elevada. As ciências humanas equiparão as pessoas para o sucesso profissional e cultivarão as virtudes defendidas pelo Cardeal Newman – ou seja, uma mente ágil e o refinamento do pensamento.[15] Ao se apropriarem de nosso trabalho rotineiro, as máquinas oferecerão aos seres humanos uma chance de libertação do trabalho penoso, liberando-nos para tarefas mais imaginativas, decisivas e sociais – bem como para questões de consequência moral, como garantir que pessoas de todas as raças, identidades e origens compartilhem os frutos da produtividade da IA e que nosso arco econômico se incline em direção à igualdade e à inclusão.

O futuro será moldado pela oportunidade e pela reinvenção. Assim, no passado, um operário de fábrica passaria seus dias na manufatura mecânica. Amanhã ele poderá ter a chance de trabalhar como um artesão qualificado. Enquanto um gerente de nível médio antes se dedicava a inserir informações entre caixas, amanhã poderá ser um empreendedor interno. Da mesma forma, o "homem da organização" cinzento descrito por William Whyte na década de 1950 costumava bater ponto e aplicar irrefletidamente as políticas da empresa.[16] Amanhã ele poderá desenvolver iniciativas de negócios globais e aprender a implementar ferramentas de IA para executar um novo plano estratégico.

Seja o objetivo educar alunos mais jovens, alunos mais velhos, colaboradores da empresa ou trabalhadores autônomos, o resultado final é o mesmo. Aprender é agora uma viagem contínua com muitos portos de escala, mas nunca um ponto final. Essa jornada contínua tem implicações que vão muito além dos portões do *campus*, chegando às nossas casas, aos nossos locais de trabalho e às nossas *startups*. Essas implicações moldarão nossas ambições e até mesmo nossas leis. Em última análise, elas afetarão a todos, transportadas por todo o mundo por sistemas universitários globais construídos para transcender as limitações de escala, lugar e tempo.

A educação não é uma panaceia para os problemas da humanidade. Não podemos nos educar para superar todos os nossos dilemas sociais e naturais. Podemos, no entanto, ajudar as pessoas a se prepararem para a mudança e a abraçarem os milagres tecnológicos do nosso tempo. Talvez, se nos educarmos bem, o peso da sociedade mude, tornando-a mais equitativa, mais justa e mais sustentável. Acredito que, quando as pessoas recebem educação, elas ainda podem se surpreender com as mudanças e os mistérios que o futuro reserva, mas verão isso como oportunidades, e não como ameaças.

Acredito que um mundo assim é possível. É nosso trabalho torná-lo realidade.

Notas

Introdução

1. Eric Brynjolfsson and Andrew McAfee, The Second Machine Age: Work, Progress, and Prosperity in a Time of Brilliant Technologies (New York: Norton, 2014), 9.
2. Martin Ford, Rise of the Robots: Technology and the Threat of a Jobless Future (New York: Basic Books, 2015), xvi.
3. "Generative AI to Become a $1.3 Trillion Market by 2032, Research Finds," Bloomberg, June 1, 2023, https://www.bloomberg.com/company/press/generative-ai-to-become-a-1-3-trillion-market-by-2032-research-finds.
4. Cade Metz, "'The Godfather of AI' Leaves Google and Warns of Danger Ahead," New York Times, May 1, 2023, https://www.nytimes.com/2023/05/01/technology/ai-google-chatbot--engineer-quits-hinton.html.
5. Statement on AI Risk, Center for AI Safety, https://www.safe.ai/statement-on-ai-risk#open-letter.
6. Sian Townson and Michael Zeltkevic, "Why AI Bias Might Be Easier to Fix Than Humanity's," World Economic Forum, June 30, 2023, https://www.weforum.org/agenda/2023/06/why-ai-bias-may-be-easier-to-fix-than-humanity-s.
7. Bill Gates, "The Age of AI Has Begun," GatesNotes, March 21, 2023, https://www.gatesnotes.com/The-Age-of-AI-Has-Begun.
8. Erin Griffith, "Reid Hoffman Is on a Mission: To Show AI Can Improve Humanity," New York Times, May 25, 2023, https://www.nytimes.com/2023/05/25/technology/reid-hoffman--artificial-intelligence.html.
9. Thomas Germain, "IBM CEO Says It's a 'Good Thing' If AI Takes Your Job," Gizmodo.com, February 17, 2023, https://gizmodo.com/ai-chatgpt-ibm-ceo-take-jobs-bing-google-bard-1850128531.
10. David Graeber and David Wengrow, The Dawn of Everything: A New History of Humanity (New York: Farrar, Straus and Giroux, 2021), 524.

11. "World Population Prospects 2022: Summary of Results," United Nations, 2022, retrieved September 1, 2023, https://www.un.org/development/desa/pd/sites/www.un.org.development.desa.pd/files/wpp2022_summary_of_results.pdf.

Capítulo 1

1. Yale School of Management CEO Summit, "Genuine Intelligence on Artificial Intelligence: The Reality behind the Vague Threats, Hopes, and Hype," June 12, 2023, https://som.yale.edu/sites/default/files/2023-06/Yale%20June%202023%20CEO%20Summit_Key%20Themes_v7.pdf.
2. Kenneth Miller, "Archaeologists Find Earliest Evidence of Humans Cooking with Fire," Discover Magazine, December 17, 2013, http://discovermagazine.com/2013/may/09-archaeologists-find-earliest-evidence-of-humans-cooking-with-fire.
3. Yuval Noah Harari, Sapiens: A Brief History of Humankind (New York: HarperCollins, 2015), 12.
4. Eric Hobsbawm, "The Machine Breakers," Past and Present 1, no. 1 (1952): 57-70, http://web.csulb.edu/~ssayeghc/theory/wintertheory/machinebreakers.pdf.
5. Lord Byron's Speech, Luddites at 200, http://www.luddites200.org.uk/LordByronspeech.html.
6. "An Ode to the Framers of the Frame Bill," Luddites at 200, http://www.luddites200.org.uk/documents/Byronpoems.pdf.
7. Erik Brynjolfsson and Andrew McAfee, "Will Humans Go the Way of Horses?," Foreign Affairs, July-August 2015, 8.
8. "Commencement Address by Senator John F. Kennedy at Northeastern University, Boston, Massachusetts, June 17, 1956," John F. Kennedy Presidential Library and Museum, https://www.jfklibrary.org/archives/other-resources/john-f-kennedy-speeches/northeastern-university-19560617.
9. Brynjolfsson and McAfee, "Will Humans Go the Way of Horses?"
10. John Henry Newman, "Discourse 7. Knowledge Viewed in Relation to Professional Skill," in The Idea of a University, 1858, 178, http://www.newmanreader.org/works/idea/discourse7.html.
11. The 1890 Land Grant Universities, "The Morrill Acts of 1862 and 1890," 2015, http://www.1890universities.org/history.
12. Clark Kerr, The Uses of the University, 5th ed. (Cambridge, MA: Harvard University Press, 2001), 3.
13. Suzanne Mettler, "How the G.I. Bill Built the Middle Class and Enhanced Democracy," The Scholars Strategy Network, January 2012, http://www.scholarsstrategynetwork.org/brief/how-gi-bill-built-middle-class-and-enhanced-democracy.
14. Eliza Berman, "How the G.I. Bill Changed the Face of Higher Education in America," Time, June 22, 2015, http://time.com/3915231/student-veterans.
15. American Association for the Advancement of Science, "R&D at Colleges and Universities," updated March 24, 2016, https://www.aaas.org/page/rd-colleges-and-universities.
16. National Center for Science and Engineering Statistics, "Universities Report Largest Growth in Federally Funded R&D Expenditures since FY 2011," December 15, 2022, https://ncses.nsf.gov/pubs/nsf23303.

17. United States Census Bureau, "World Population: Historical Estimates of World Population," updated December 2013, http://www.census.gov/population/international/data/worldpop/table_history.php.
18. Population Reference Bureau, "Human Population: Urbanization," 2016, http://www.prb.org/Publications/Lesson-Plans/HumanPopulation /Urbanization.aspx.
19. U.S. Bureau of Labor Statistics, "Median Usual Weekly Earnings of Full-Time Wage and Salary Workers by Educational Attainment," retrieved August 8, 2023, https://www.bls.gov/charts/usual-weekly-earnings/usual-weekly-earnings-over-time-by-education.htm.
20. Anne Case, Angus Deaton, "Without a College Degree, Life in America Is Staggeringly Shorter," New York Times, October 3, 2023, https://www.nytimes.com/2023/10/03/opinion/life-expectancy-college-degree.html.
21. Scott Semel, Intralinks, entrevista pessoal, March 14, 2016.
22. Colin Angle, iRobot Corporation, entrevista pessoal, April 4, 2016.
23. Daron Acemoglu and Simon Johnson, Power and Progress: Our 1000-Year Struggle Over Technology & Prosperity (New York: Public Affairs, 2023), 260-261.
24. Acemoglu and Johnson, Power and Progress.
25. Martin Ford, Rise of the Robots: Technology and the Threat of a Jobless Future (New York: Basic Books, 2015), 75.
26. Delphine Strauss, "David Autor: 'We have a real design choice about how we deploy AI,'" Financial Times, August 10, 2023, https://www.ft.com/content/9c087da3-63d2-4d73-97dc-023025b529aa.
27. Strauss, "David Autor."
28. Josh Zumbrun, "Why ChatGPT Is Getting Dumber at Basic Math," Wall Street Journal, August 4, 2023, https://www.wsj.com/articles/chatgpt-openai-math-artificial-intelligence-8aba83f0.
29. Kweilin Ellingrud, Saurabh Sanghvi, Gurneet Singh Dandona, Anu Madgavkar, Michael Chui, Olivia White, and Paige Hasebe, "Generative AI and the Future of Work in America," McKinsey Global Institute, July 26, 2023, https://www.mckinsey.com/mgi/our-research/generative-ai-and-the-future-of-work-in-america.
30. World Economic Forum, "The Future of Jobs Report," April 30, 2023, https://www.weforum.org/reports/the-future-of-jobs-report-2023/in-full/1-introduction-the-global-labour-market-landscape-in-2023.
31. World Economic Forum, "The Future of Jobs Report."
32. Alex Tanzi, "Americans with a College Degree Saw Wages Decline the Most in Two Decades," Bloomberg, February 10, 2023, https://www.spokesman.com/stories/2023/feb/10/americans-with-a-college-degree-saw-wages-decline-.
33. National Center for Educational Statistics, "Postbaccalaureate Enrollment," May 2023, https://nces.ed.gov/programs/coe/indicator/chb/postbaccalaureate-enrollment.
34. Ellingrud et al., "Generative AI and the Future of Work in America."
35. Harari, Sapiens, 24.
36. Harari, Sapiens, 25.
37. Harari, Sapiens, 25.
38. Ellingrud et al., "Generative AI and the Future of Work in America."

Capítulo 2

1. “What Makes Some More Afraid of Change Than Others?,” Neuro scienceNews.com, May 15, 2022, https://neurosciencenews.com/gene-expression-fear-change-20587.
2. “Stress in America 2022,” American Psychological Association, retrieved August 28, 2023, https://www.apa.org/news/press/releases /stress/2022/concerned-future-inflation.
3. Andrew Daniller, “Americans Take a Dim View of the Nation’s Future, Look More Positively at the Past,” Pew Research Center, April 24, 2023, https://www.pewresearch.org/short--reads/2023/04/24/americans-takea-dim-view-of-the-nations-future-look-more-positively-at-the-past.
4. Rakesh Kochhar and Stella Sechopoulos, “How the American Middle Class Has Changed in the Past Five Decades,” Pew Research Center, April 20, 2022, https://www.pewresearch.org/short-reads/2022/04/20/how-the-american-middle-class-has-changed-in-the-past-five-decades.
5. Kristin E. Broady, Darlene Booth-Bell, Jason Coupet, and Moriah Macklin, “Race and Jobs at Risk of Being Automated in the Age of COVID-19,” The Hamilton Project, March 2021, https://www.hamiltonproject.org/assets/files/Automation_LO_v7.pdf.
6. Kochar and Sechopoulos, “How the American Middle Class Has Changed.”
7. “Fastest Growing Occupations,” U.S. Bureau of Labor Statistics, retrieved August 28, 2023, https://www.bls.gov/ooh/fastest-growing.htm.
8. Matt Sigelman and Jeff Selingo, “Making the Bachelor’s Degree More Valuable,” Workday and the Burning Glass Institute, 2023, https://static1.squarespace.com/static/6197797102be715f55c0e0a1/t/64192bd965e9974c781cd025/1679371227418/Making+The+Bachelor%27s+-Degree+More+Valuable.pdf.
9. Washington Student Achievement Council, “Washington’s Skilled and Educated Workforce, 2021-22,” retrieved August 29, 2023, https://wsac.wa.gov/sites/default/files/2021-22.WashingtonsSkilledandEducatedWorkforceReport.pdf.
10. Sigelman and Selingo, “Making the Bachelor’s Degree More Valuable.”
11. “Challenger Report, May 2023,” Challenger, Gray & Christmas, June 1, 2023, https://omscgcinc.wpenginepowered.com/wp-content/uploads/2023/06/The-Challenger-Report--May23.pdf.
12. “The Impact of Artificial Intelligence on the Future of Workforces in the European Union and the United States of America,” US-EUTrade and Technology Council Inaugural Joint Statement, December 5, 2022, https://www.whitehouse.gov/wp-content/uploads/2022/12/TTC-EC-CEA-AI-Report-12052022-1.pdf.
13. PwC’s Global Workforce Hopes and Fears Survey 2023, retrieved August 29, 2023, https://www.pwc.com/gx/en/issues/workforce/hopes-and-fears.html.
14. PwC’s Global Workforce Hopes and Fears Survey 2023.
15. Sigelman and Selingo, “Making the Bachelor’s Degree More Valuable.”
16. Casey Noenickx, “Workplace AI: How Artificial Intelligence Will Transform the Workday,” BBC, May 17, 2023, https://www.bbc.com/worklife/article/20230515-workplace-ai-how-artificial-intelligence-will-transform-the-workday.
17. David Julian, Wells Fargo, entrevista pessoal, March 3, 2016.
18. Michael Chui, Eric Hazan, Roger Roberts, Alex Singla, Kate Smaje, Alex Sukharevsky, Lareina Yee, and Rodney Zemmel, “The Economic Potential of Generative AI: The Next Productivity Frontier,” McKinsey & Company, June 14, 2023, https://www.mckinsey.com/

capabilities/mckinsey-digital/our-insights/the-economic-potential-of-generative-ai-the-next-productivity-frontier.
19. World Economic Forum, "Future of Jobs Report 2023," May 2023, https://www3.weforum.org/docs/WEF_Future_of_Jobs_2023.pdf.
20. "Three Things Legal Professionals Told Us about Generative AI," Wolters Kluwer, August 7, 2023, https://www.wolterskluwer.com/en/expert-insights/three-things-legal-professionals-told-us-about-generative-ai.
21. Scott Semel, Intralinks, entrevista pessoal, March 14, 2016.
22. Larry Neumeister, "Lawyers Blame ChatGPT for Tricking Them into Citing Bogus Case Law," AP News, June 8, 2023, https://apnews.com/article/artificial-intelligence-chatgpt-courts-e15023d7e6fdf4f099aa122437dbb59b.
23. Grant Theron, Young & Rubicam, entrevista pessoal, February 23, 2016.
24. William Manfredi, Young & Rubicam, entrevista pessoal, February 23, 2016.
25. Kevin Collier, "Actors vs. AI: Strike Brings Focus to Emerging Use of Advanced Tech," NBC News, July 14, 2023, https://www.nbcnews.com/tech/tech-news/hollywood-actor-sag-aftra-ai-artificial-intelligence-strike-rcna94191.
26. Collier, "Actors vs. AI."
27. Peter McCabe, GE Transportation, entrevista pessoal, February 11, 2016.
28. Andrea Cox, GE Aviation, entrevista pessoal, February 23, 2016.
29. World Economic Forum, "Future of Jobs Report 2023."
30. Usama Fayyad, entrevista pessoal, June 16, 2023.
31. Danaë Larivière-Bastien, Olivier Aubuchon, Aurélie Blondin, Dominique Dupont, Jamie Libenstein, Florence Séguin, Alexandra Tremblay, et al., "Children's Perspectives on Friendships and Socialization during the COVID-19 Pandemic: A Qualitative Approach," Child: Care, Health and Development, March 21, 2022, https://www.ncbi.nlm.nih.gov/pmc/articles/PMC9111596.
32. Elena Bozzola, Giulia Spina, Rino Agostiniani, Sarah Barni, Rocco Russo, Elena Scarpato, Antonio Di Mauro, et al., "The Use of Social Media in Children and Adolescents: Scoping Review on the Potential Risks," International Journal of Environmental Research and Public Health, August 12, 2022, https://www.ncbi.nlm.nih.gov/pmc/articles/PMC9407706.
33. World Economic Forum, "Future of Jobs Report 2023."
34. "Vast Majority of Americans Pessimistic on How AI Will Affect Employment," American Staffing Association, August 17, 2023, https://americanstaffing.net/posts/2023/08/17/how-ai-will-affect-employment.
35. Brad Stulberg, "Stop Resisting Change," New York Times, August 30, 2023, https://www.nytimes.com/2023/08/30/opinion/how-to-accept-change.html.

Capítulo 3

1. WEF Future of Jobs Report 2023, 5, https://www3.weforum.org/docs/WEF_Future_of_Jobs_2023.pdf.
2. WEF Future of Jobs Report 2023, 261.
3. "Your Job Is (Probably) Safe from Artificial Intelligence," The Economist, May 7, 2023, https://www.economist.com/finance-and-economics/2023/05/07/your-job-is-probably-safe-from-artificial-intelligence.

4. Martin Ford, Rise of the Robots: Technology and the Threat of a Jobless Future (New York: Basic Books, 2015), 256; Ryan Avent, The Wealth of Humans: Work, Power, and Status in the Twenty-First Century (New York: St. Martin's Press, 2016), 64; Daniel Susskind, A World without Work: Technology, Automation, and How We Should Respond (Metropolitan Books, 2020), 5.
5. "Your Job Is (Probably) Safe from Artificial Intelligence."
6. Delphine Strauss, "Generative AI Set to Affect 300 Mn Jobs across Major Economies," Financial Times, March 27, 2023, https://www.ft.com/content/7dec4483-ad34-4007-bb3a-7ac925643999?shareType=nongift.
7. "Pause Giant AI Experiments: An Open Letter," Future of Life Institute, March 22, 2023, https://futureoflife.org/open-letter/pause-giant-ai-experiments.
8. Chris Vallance, "Meta Scientist Yann LeCun Says AI Won't Destroy Jobs Forever," BBC News, June 15, 2023, https://www.bbc.com/news/technology-65886125.
9. Bill Gates, "The Age of AI Has Begun," March 21, 2023, https://www.gatesnotes.com/The-Age-of-AI-Has-Begun.
10. Jane Parent, "How to Teach Your Teenager to Drive Safely: 5 Steps to Get Results You Want," Your Teen, May 11, 2015, https://yourteenmag.com/teenager-school/teens-high-school/parents-teen-driving/learn-how-to-drive.
11. Carl Haub, "How Many People Have Ever Lived on Earth?," Population Reference Bureau, October 2011, http://www.prb.org/Publications/Articles /2002/HowManyPeopleHaveEver-LivedonEarth.aspx.
12. Derick Moore, "U.S. Population Estimated at 334,233,854 on Jan. 1, 2023," U.S. Census Bureau, December 29, 2022, https://www.census.gov/library/stories/2022/12/happy-new--year-2023.html.
13. Joe Coscarelli, "An AI Hit of Fake 'Drake' and 'The Weeknd' Rattles the Music World," New York Times, April 19, 2023, https://www.nytimes.com/2023/04/19/arts/music/ai-drake--the-weeknd-fake.html.
14. Derrick Bryson Taylor, "Paul McCartney Says AI Helped Complete 'Last' Beatles Song," New York Times, June 13, 2023, https://www.nytimes.com/2023/06/13/arts/music/paul--mccartney-ai-beatles-song.html?action=click&pgtype=Article&state=default&module=styln-artificial-intelligence&variant=show&region=BELOW_MAIN_CONTENT&block=storyline_flex_guide_recirc.
15. Garrett Schumann, "What Happens When AI Enters the Concert Hall," New York Times, June 10, 2023, https://www.nytimes.com/2023/06/10/arts/music/ai-classical-music.html.
16. Kyung Hee Kim, "Can We Trust Creativity Tests? A Review of the Torrance Tests of Creative Thinking (TTCT)," Creativity Research Journal 18, no. 1 (2006): 3, http://people.uncw.edu/caropresoe/GiftedFoundations/SocialEmotional/Creativity-articles/Kim_Can-we-trust--creativity-tests.pdf.
17. J. P. Guilford, The Nature of Human Intelligence (New York: McGraw-Hill, 1967).
18. Kim, "Can We Trust Creativity Tests?," 4.
19. Pablo Arredondo, "GPT-4 Passes the Bar Exam: What That Means for Artificial Intelligence Tools in the Legal Profession," Stanford Law School, April 19, 2023, https://law.stanford.edu/2023/04/19/gpt-4-passes-the-bar-exam-what-that-means-for-artificial-intelligence-tools-in-the-legal-industry.
20. Ken Robinson, "Do Schools Kill Creativity?," talk delivered at TED 2006, conference on "The Future We Will Create," Monterrey, California, February 2006, https://www.ted.com/talks/sir_ken_robinson_do_schools_kill_creativity/c.

21. Richard Arum and Josipa Roksa, Academically Adrift: Limited Learning on College Campuses (Chicago: University of Chicago Press, 2011), 121.
22. Program for the International Assessment of Adult Competencies (PIAAC), "Highlights of PIAAC 2017 U.S. Results," https://nces.ed.gov/surveys/piaac/national_results.asp.
23. O termo "*humanics*" foi cunhado pela primeira vez em conjunto com o desenvolvimento do Plano Acadêmico da Northeastern University, publicado em 2017. Reconheço as contribuições de meus colegas no desenvolvimento desse conceito.
24. Cision PR Newswire, "New Report Shows Disparities in Access to Computer Science Education Persist, Except in States Where Coursework Is Required for Graduation," September 21, 2022, https://www.prnewswire.com/news-releases/new-report-shows-disparities-in-access-to-computer-science-education-persist-except-in-states-where-coursework-is-required-for-graduation-301629306.html.
25. IEEE, "Impact of the Digital Divide: Economic, Social, and Educational Consequences," Connecting the Unconnected, n.d., accessed December 13, 2023, https://ctu.ieee.org/impact-of-the-digital-divide-economic-social-and-educational-consequences.
26. Louis Rosenberg, "The Problem with Social Media Is Not Content but Its Distortion of Reality," The Present, April 8, 2022, https://bigthink.com/the-present/social-media-distorts-reality.
27. Jason A. Gallo and Clare Y. Cho, "Social Media: Misinformation and Content Moderation Issues for Congress," Congressional Research Service, January 27, 2021, https://crsreports.congress.gov/product/pdf/R/R46662.
28. Cade Metz, "What Makes AI Chatbots Go Wrong?," New York Times, March 29, 2023, https://www.nytimes.com/2023/03/29/technology/ai-chatbots-hallucinations.html.
29. Patrick Hymel, "Kubrickian HALlucinations: Using Chat GPT-4 for Clinical Research Review and Synthesis," LinkedIn.com, April 13, 2023, https://www.linkedin.com/pulse/kubrikian-hallucinations-my-deep-dive-using-chat-gpt-4-hymel-md.
30. Julian Matthews, "A Cognitive Scientist Explains Why Humans Are So Susceptible to Fake News and Misinformation," Nieman Lab, April 17, 2019, https://www.niemanlab.org/2019/04/a-cognitive-scientist-explains-why-humans-are-so-susceptible-to-fake-news-and-misinformation.
31. Cision PR Newswire, "Lunit's AI-Powered Lung Cancer Screening Solution Significantly Affects Radiologists' Diagnostic Determination – Published in Radiology," July 3, 2023, https://www.prnewswire.com/news-releases/lunits-ai-powered-lung-cancer-screening-solution-significantly-affects-radiologists-diagnostic-determination – published-in-radiology-301868701.html.
32. Isha Salian, "Guinness World Record Awarded for Fastest DNA Sequencing – Just 5 Hours," nVidia, February 18, 2022, https://blogs.nvidia.com/blog/2022/02/18/guinness-world-record-fastest-dna-sequencing.
33. Pavel Orlov, "What Businesses Should Know about Digital Twins," Forbes, April 19, 2023, https://www.forbes.com/sites/forbestechcouncil/2023/04/19/what-businesses-should-know-about-digital-twins/?sh=1c573ef71e4f.
34. Suzana Herculano-Houzel, The Human Advantage: How Our Brains Became Remarkable (Cambridge, MA: MIT Press, 2016).
35. Paula Caligiuri, Cultural Agility: Building a Pipeline of Successful Global Professionals (San Francisco: Jossey-Bass, 2012), 4.
36. Raffi Khatchadourian, "We Know How You Feel," New Yorker, January 19, 2015, http://www.newyorker.com/magazine/2015/01/19/know-feel.

37. Stanislas Dehaene and Lionel Maccache, "Towards a Cognitive Neuroscience of Consciousness: Basic Evidence and a Workspace Framework," Cognition 79, nos. 1-2 (2001), https://www.sciencedirect.com/science/article/abs/pii/S0010027700001232.
38. Thomas Suddendorf, "What Separates Us from the Animals?," Slate, March 3, 2014, https://slate.com/technology/2014/03/the-science-of-what-separates-us-from-other-animals-human-imagination-and-our-ability-to-share-imaginative-scenarios-with-others.html.
39. Suddendorf, "What Separates Us from the Animals?"

Capítulo 4

1. Kate Wells, "An Eating Disorders Chatbot Offered Dieting Advice, Raising Fears about AI in Health," NPR, June 9, 2023, https://www.npr.org/sections/health-shots/2023/06/08/1180838096/an-eating-disorders-chatbot-offered-dieting-advice-raising-fears-about-ai-in-hea.
2. Catherine Thorbecke, "It Didn't Take Long for Meta's New Chatbot to Say Something Offensive," CNN Business, August 11, 2022, https://www.cnn.com/2022/08/11/tech/meta--chatbot-blenderbot/index.html.
3. John Dewey, Experience and Education (New York: Touchstone, 1938), http://ruby.fgcu.edu/courses/ndemers/colloquium/experienceducationdewey.pdf.
4. Dewey, Experience and Education.
5. Ronald Fry and David Kolb, "Experiential Learning Theory and Learning Experiences in Liberal Arts Education," Enriching the Liberal Arts through Experiential Learning (San Francisco: Jossey-Bass, 1979), 80.
6. As contribuições de Susan Ambrose, ex-vice-reitora sênior de educação de graduação e aprendizagem experiencial da Northeastern University, para o campo da ciência da aprendizagem foram fundamentais para as ideias desenvolvidas nesta seção. Agradeço a sua colaboração.
7. Susan A. Ambrose, Michael W. Bridges, Michele DiPietro, Marsha C. Lovett, Marie K. Norman, and Richard E. Mayer, How Learning Works: Seven Research-Based Principles for Smart Teaching (San Francisco: Jossey-Bass, 2010), 95.
8. Ambrose et al., How Learning Works, 97.
9. Ambrose et al., How Learning Works, 108.
10. Ambrose et al., How Learning Works, 110.
11. Ambrose et al., How Learning Works, 110.
12. Dakin Andone, Alexandra Meeks, and Faith Karimi, "Some College Towns Grapple with COVID-19 as Students Return for Fall Semester," CNN.com, September 12, 2020, https://www.cnn.com/2020/09/12/health/us-coronavirus-saturday/index.html.
13. Kif Leswing, "Microsoft's Bing AI Made Several Factual Errors in Last Week's Launch Demo," CNBC.com, February 14, 2023, https://www.cnbc.com/2023/02/14/microsoft-bing-ai-made-several-errors-in-launch-demo-last-week-.html.
14. James Vincent, "Google's AI Chatbot Bard Makes Factual Error in First Demo," The Verge, February 8, 2023, https://www.theverge.com/2023/2/8/23590864/google-ai-chatbot-bard-mistake-error-exoplanet-demo.
15. Emily Olson, "Google Shares Drop $100 Billion after Its New AI Chatbot Makes a Mistake," NPR, February 9, 2023, https://www.npr.org/2023/02/09/1155650909/google-chatbot-error-bard-shares.

16. Ross Andersen, "Does Sam Altman Know What He's Creating?," The Atlantic, September 2023, https://www.theatlantic.com/magazine/archive/2023/09/sam-altman-openai-chatgpt-gpt-4/674764.
17. Andersen, "Does Sam Altman Know What He's Creating?"
18. Sally Walker, "Is It Worth Recruiting AI as a Spy?," Financial Times, July 21, 2023, https://www.ft.com/content/c6db50c0-1a94-4f2f-b9cd-7c580ce44bc1.
19. Walker, "Is It Worth Recruiting AI as a Spy?," 16.
20. Priya Dialani, "Famous AI Gone Wrong Examples in the Real World We Need to Know," Analytics Insight, March 9, 2021, https://www.analyticsinsight.net/famous-ai-gone-wrong-examples-in-the-real-world-we-need-to-know.
21. Nico Grant and Kashmir Hill, "Google's Photo App Still Can't Find Gorillas. And Neither Can Apple's," New York Times, May 22, 2023, https://www.nytimes.com/2023/05/22/technology/ai-photo-labels-google-apple.html.
22. Carol S. Dweck, Mindset: The New Psychology of Success (New York: Ballantine Books, 2008), 12.
23. Northeastern University, "All College Grads Want to Be Prepared for Their Careers. Northeastern Students Actually Are," http://www.northeastern.edu/preparedness.
24. Robin Porter, "How Important Are Internships and Co-ops?," Collegerecruiter.com, August 26, 2019, https://www.collegerecruiter.com/blog/2019/08/26/how-important-are-internships-and-co-ops.
25. Northeastern University and FTI Consulting, Business Elite National Poll, Third Installment of the Innovative Imperative Polling Series, Topline Report, survey conducted February 3-19, 2014, http://www.northeastern.edu/innovationsurvey/pdfs/Pipeline_toplines.pdf.
26. Northeastern University senior co-op coordinator Lisa Doherty, entrevista pessoal, July 27, 2023.
27. George Anders, "Hiring's New Red Line: Why Newcomers Can't Land 35% of Entry-Level Jobs," LinkedIn.com, August 18, 2021, https://www.linkedin.com/pulse/hirings-new-red-line-why-newcomers-cant-land-35-jobs-george-anders.
28. Ramanda Nanda and Jesper B. Sorenson, "Workplace Peers and Entrepreneurship," Management Science 56, no. 7 (2010): 1116-1126.
29. Edward P. Lazear, "Entrepreneurship," Journal of Labor Economics 23, no. 4 (2005): 649-680.
30. Jackie Firsty, entrevista pessoal, August 3, 2023.
31. Bennett Thompson, entrevista pessoal, July 5, 2023.
32. Mackenzie Jones, entrevista pessoal, February 11, 2016.
33. Mary Tobin, entrevista pessoal, February 22, 2016.
34. Smeet Patel, entrevista pessoal, July 10, 2023.

Capítulo 5

1. Arnold J. Toynbee, A Study of History, vol. 1: Introduction: The Geneses of Civilizations (London: Oxford University Press, 1934), 24.
2. Jared Diamond, Collapse: How Societies Choose to Fail or Succeed (New York: Viking Press, 2005), 274-275.

3. Emma Dom, Andre Dua, Jonathan Law, and Samvitha Ram, "Higher Education Enrollment: Inevitable Decline or Online Opportunity?," McKinsey & Company, November 2020, https://www.mckinsey.com/industries/education/our-insights/higher-education-enrollment-inevitable-decline-or-online-opportunity.
4. World Health Organization, "Aging and Health," October 1, 2022, https://www.who.int/news-room/fact-sheets/detail/ageing-and-health.
5. Jorge Tamayo, Leila Doumi, Sagar Goel, Orsolya Kovács-Ondrejkovic, and Raffaella Sadun, "Reskilling in the Age of AI," Harvard Business Review, September-October 2023.
6. Alan Tait, "Reflections on Student Support in Open and Distance Learning," International Review of Research in Open and Distance Learning (2003), http://oro.open.ac.uk/1017/1/604.pdf.
7. Daniel Webster, "Lecture before the Society for the Diffusion of Useful Knowledge, Boston, November 11, 1836," in The Writings and Speeches of Daniel Webster, vol. 13 (Boston: Little, Brown, 1903), Google Books, https://books.google.com/books?id=2iF3AAAAMAAJ&pg=PA63&source=gbs_toc_r&cad=3#v=onepage&q&f=false; Oliver Wendell Holmes, Currents and Counter-Currents in Medical Science: With Other Addresses and Essays (Boston: Ticknor and Fields, 1861), Google Books, https://books.google.com/books?id=c8MNAAAAYAAJ&printsec=frontcover&source=gbs_ge_summary_r&cad=0#v=onepage&q&f=false.
8. Lowell Institute, "About the Lowell Institute," www.lowellinstitute.org/about.
9. YMCA, "History—Founding," http://www.ymca.net/history/founding.html.
10. National Center for Education Statistics, https://nces.ed.gov/programs /digest/d22/tables/dt22_303.40.asp.
11. American Association of Community Colleges website, https://www.aacc.nche.edu.
12. National Center for Education Statistics, https://nces.ed.gov/programs/digest/d13/tables/dt13_303.70.asp.
13. World Health Organization, "Aging and Health."
14. Jonathan Vespa, Lauren Medina, and David M. Armstrong, "Demographic Turning Points for the United States: Population Projections for 2020 to 2060," Census.gov, February 2020, https://www.census.gov/content/dam/Census/library/publications/2020/demo/p25-1144.pdf.
15. U.S. Bureau of Labor Statistics, "Employment Projections," September 8, 2022, https://www.bls.gov/emp/tables/civilian-labor-force-summary.htm.
16. Doug Lederman, "What Have We Learned about Online Learning?," Inside Higher Ed, July 5, 2022, https://www.insidehighered.com/news/2022/07/06/what-have-we-learned-about-online-learning.
17. Kameshwari Shankar, Punit Arora, and Marla Christina Binz-Scharf, "Evidence on Online Higher Education: The Promise of COVID-19 Pandemic Data," Management and Labour Studies 48, no. 2 (December 25, 2021), https://journals.sagepub.com/doi/full/10.1177/0258042X211064783.
18. Jon Marcus, "What Researchers Learned about Online Higher Education during the Pandemic," The Hechinger Report, October 6, 2022, https://hechingerreport.org/what-researchers-learned-about-online-higher-education-during-the-pandemic.
19. Doug Lederman, "Online Is (Increasingly) Local," Inside Higher Ed, June 4, 2019, https://www.insidehighered.com/digital-learning/article/2019/06/05/annual-survey-shows-online-college-students-increasingly.

20. Duong Huu Tong, Bui Phuong Uyen, and Lu Kim Ngan, “The Effectiveness of Blended Learning on Students’ Academic Achievement, Self-Study Skills, and Learning Attitudes: A Quasi-Experiment Study in Teaching the Conventions for Coordinates in the Plane,” Heliyon 8, no. 12 (December 2022), https://www.sciencedirect.com/science/article/pii/S2405844022039457#abs0010.
21. “CUNY Partners with IBM and the Business Roundtable to Create New Tech Courses Tied to In-Demand Jobs,” City University of New York, December 13, 2019, https://www1.cuny.edu/mu/forum/2019/12/13/cuny-partners-with-ibm-and-the-business-roundtable-to-create--new-tech-courses-tied-to-in-demand-jobs.
22. Michael J. Fenlon and Brian K. Fitzgerald, “Creating the Future Workforce Today,” Business Higher Education Forum, 2021, retrieved August 24, 2023, https://www.bhef.com/sites/default/files/2021_PwC-BHEF-Report2.pdf.
23. Dan Koloski, entrevista pessoal, June 1, 2023.
24. National Center for Educational Statistics, “Trend Generator,” retrieved August 24, 2023, https://nces.ed.gov/ipeds/TrendGenerator/app/answer/5/30?f=41%3D2%7C1%7C3.
25. Clark Kerr, The Uses of the University (Cambridge, MA: Harvard University Press, 1963).
26. Martin Ihrig and Ian MacMillian, “How to Get Ecosystem Buy-In,”Harvard Business Review, March-April 2017.

Pósfácio

1. Economic Research, Federal Reserve Bank of St. Louis, “Unemployment Rate for United States,” https://fred.stlouisfed.org/series/M0892BUSM156SNBR.
2. Centers for Disease Control and Prevention, “Leading Causes of Death, 1900-1998,” https://www.cdc.gov/nchs/data/dvs/lead1900_98.pdf.
3. NOAA National Centers for Environmental Information, “Climate at a Glance: Global Time Series,” March 2017, http://www.ncdc.noaa.gov/cag.
4. Vannevar Bush, Science: The Endless Frontier (Washington, DC: United States Government Printing Office, 1945), https://nsf.gov/about/history/vbush1945.htm.
5. Bush, Science.
6. SkillsFuture website, https://www.skillsfuture.gov.sg.
7. Yong Li Xuan, “560,000 Tapped SkillsFuture Schemes in 2022, down from 660,000 in 2021,” The Straits Times, March 23, 2023, https://www.straitstimes.com/singapore/560000-tapped-skillsfuture-schemes-in-2022-down-from-660000-in-2021.
8. European Commission, “Switzerland,” Eurydice, May 25, 2023, https://eurydice.eacea.ec.europa.eu/national-education-systems/switzerland/overview.
9. Amy Barrett, “Is a Degree Worth It?,” Financial Times, August 18, 2023, https://www.ft.com/content/490b8aa2-99c2-497f-ab75-1f8c74215803?shareType=nongift.
10. Toh Ee Ming, “How an Ecosystem for Lifelong Learning Builds a More Resilient Workforce,” The Straits Times, December 1, 2022, https://www.straitstimes.com/singapore/how-an-ecosystem-for-lifelong-learning-builds-a-more-resilient-workforce.
11. Frances Wilkinson, “Challenges for University-Industry Collaboration in 2021: What Are Technology Transfer Teams up Against?,” In-Part, March 12, 2021, https://in-part.com/blog/challenges-for-university-industry-collaboration-2021.
12. Phil Baty, “University Industry Collaboration,” Times Higher Education Consultancy Report, November 2020.

13. David Burbridge, "Spurring Innovation and Attracting Talent: The Many Benefits of University-Industry Collaboration," May 9, 2023, https://www.impact.science/blog/spurring-innovation-and-attracting-talent-the-many-benefits-of-university-industry-collaboration.
14. Pieter Stek, "The Strategic Alliance between Sungkyunkwan University and the Samsung Group: South Korean Exceptionalism or New Global Model?," Helice 4, no. 1 (2015), https://www.triplehelixassociation.org/helice/volume-4-2015/helice-issue-12/the-strategic-alliance-between-sungkyunkwan-university-and-the-samsung-group-south-korean-exceptionalism-or-new-global-model.
15. John Henry Newman, "Discourse 7: Knowledge Viewed in Relation to Professional Skill," in The Idea of a University (1852), 178, http://newmanreader.org/works/idea/discourse7.html.
16. William H. Whyte Jr., The Organization Man (New York: Simon and Schuster, 1956).

Índice remissivo

A

I

L

M

N

O

P

Q

R

S

T